思わず絶望する!?

知れば知るほど怖い

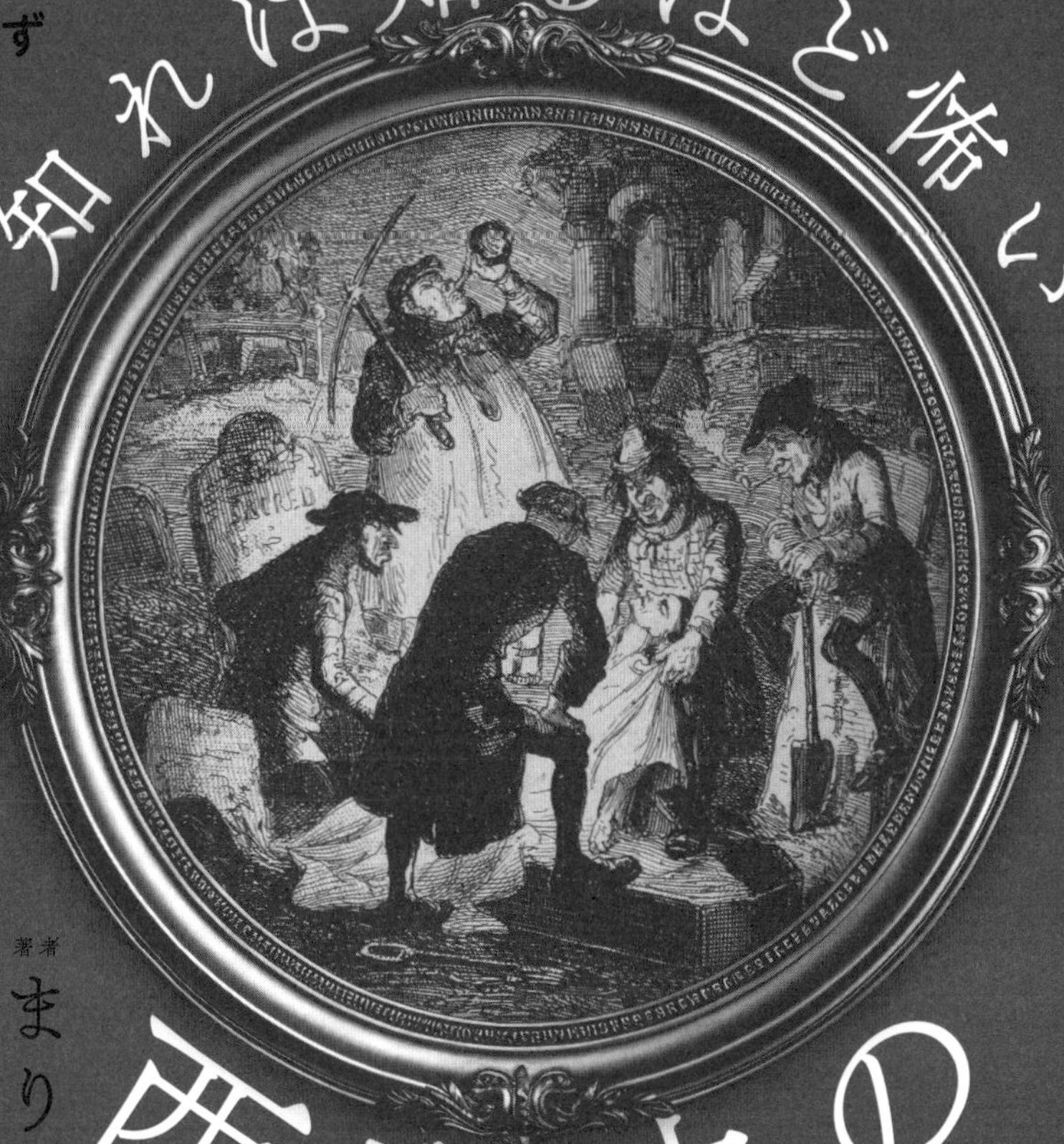

西洋史の[illegible]

著者 まりんぬ

監修 代々木ゼミナール講師 佐藤幸夫

KADOKAWA

はじめに

あなたは歴史が好きですか？

不思議で興味深い歴史というのは、教科書では習わない裏側にたくさん隠れているものです。

私は、YouTubeで不思議な歴史を紹介する「まりんぬ-謎の歴史、文化」というチャンネルを運営しています。ゾッとする、びっくりする、笑える……そんなドラマチックなエピソードを紹介し続けており、おかげさまで多くの方に登録していただいています。

私が初めて歴史に興味を持ったのは、小学生の時。持っている小銭の発行年を見るのがなぜか好きで、ある日5円玉のデザインが2種類あることに気が付きます。実は、昭和34年までに発行された5円玉は、「五円」の部分が筆文字になっているのです。もし、お持ちでしたら昭和34年以降のものと比べてみてください。

そしてそれからは、昭和20年代の激渋の5円玉を発見するたびに「おっ！　出た出た。この5円玉は、終戦からわずか数年後に作られていたなんて。戦後を生き抜いた人が、いったい何人この5円玉を手にしたのだろう？　その人たちはどんな人生だったのだろう？　そしてそれを今、私が握っているなんて――」と、物思いにふけるのが大好きでした。

もういない、会うこともない違う時代を生きた人々。彼らの存在に思いをはせる時、ロマンを感じていたのです。

現在、私はイギリスに住んでいます。ヨーロッパは古い建造物がたくさん残っていて、外に出るたびに、その時代に生きた人々の息遣いが感じられることにワクワクしますが、ロンドンの地下水道跡を観た時、そこでもロマンに出会ってしまいました。そして、それをきっかけにヨーロッパをはじめ世界中の歴史にも興味が湧き、そのロマンを広げたいと、ＹｏｕＴｕｂｅで発信するようになりました。

この本では、私が住んでいるイギリスを中心とした西洋史にスポットを当て、その舞台裏に隠された驚くべきエピソードとともに先人たちの文化や生き様を紹介します。

第1章では、チャンネルでも人気の高い、有名な王家の人々を取り上げていきます。処女王と呼ばれたエリザベス1世の驚きの事実。マリー・アントワネットの子供たちの運命など、歴史上に名を残した彼らの知られざる顔とはどんなものでしょうか？

第2章のテーマは、貴族。お金持ちの子供たちの海外旅行、後ろ指を差されて笑われても過激なファッションを追求した人、裕福な名家ならではの彼らの生活を取り上げます。

第3章は、なかなか取り上げられない庶民のエピソードです。実は私の熱い想いが爆発してしまい、ここが一番ボリュームがあります！（笑）　天使との交信を試みる天才科学者、実は死刑反対派だったギロチンの死刑執行人一家の驚くべき物語……。歴史の中で名前が挙がることは少ないかもしれませんが、その一瞬一瞬は彼らにとっては永遠だったはずです。

教科書で学んできた歴史は、実はその一部に過ぎないかもしれません。歴史の中には、ひとつの側面だけではなく、多様な顔が存在します。それぞれの人々が抱える願望や秘密、人間らしい弱さと強さ。彼らの物語は、歴史が持つ豊かな表情を浮き彫りにしています。

この本には、ダークで少し怖い、でもなぜか不思議と元気が出るエピソードを詰め込みました。読者の皆様が、何百年も前にいなくなったはずの彼らの生き様や、活力を感じてくださいますと幸いです。

さあ、不思議で面白い歴史を一緒に堪能しましょう！

まりんぬ

Contents

第1章 王家・皇帝の話

第2章 貴族の話

第3章 庶民の話

国名は現在のもので表記しています。

イギリスについては、合同前はイングランド、スコットランド、アイルランド、ウェールズと表記しています。

8～20世紀（中世～近代）のおもなヨーロッパの歴史

まりんめ

本書をさらに楽しむためにヨーロッパで起きたことをざっとおさらいしておきましょう。

768年

フランス

カール1世即位

カール1世はフランク王国全盛期の国王で、70歳すぎで死去する814年まで在位。46年間に及ぶ治世中、53回もの軍事遠征で、西ヨーロッパの統一を図り、キリスト教の布教を推進し「ヨーロッパの父」とも呼ばれている。

927年

イギリス

イングランド王国建国

ウェセックス王アゼルスタンが覇権を握り、イングランドを再統一して初代君主となる。イングランド王国は、中世および近世の植民地時代にヨーロッパで最も強力な国家のひとつとして君臨。

10世紀

ポーランド

ポーランド王国建国

最初の王朝は、その先祖の名前からピアスト朝（ピャスト朝）と言われ、カトリックを受容し広めた。18世紀に王国が周辺諸国に領土を分割されると同時に消滅する。

1096～1099年

ヨーロッパ全土

第1回十字軍遠征

ローマ教皇ウルバヌス2世により、キリスト教の聖地エルサレム奪還のために軍を派遣。ヨーロッパの各国が同じ目的に向かい、民衆をもまきこんだ一大運動へと発展した。十字軍の遠征は間をあけつつ1270年までに7回行われ、東方への勢力拡大につながった。

1143年

ポルトガル

ポルトガル王国建国

最初の王朝はボルゴーニャ王朝。ポルトガル王国としては、1910年まで存在した。

1204年

東ヨーロッパ

コンスタンティノープル包囲戦

第4回十字軍がビザンツ帝国の首都コンスタンティノープルを占領、ラテン帝国を建国。ビザンツ帝国は一時滅亡状態となるが1261年に復活する。

1215年

イギリス

マグナ・カルタ（大憲章）制定

国王も法に従うという原則が定められ、国王の権限を制限し憲法史の草分けとなった。成立から800年が経過した現在でもイギリスの憲法の基本として影響力を持つ。

1298年頃

イタリア

マルコ・ポーロが『世界の記述（東方見聞録）』を発刊

中東貿易に携わっていた父親の影響から、東を目指し旅立った記録を著書として発刊。「黄金の国ジパング」などの記述は当時のヨーロッパの人々の東方への幻想をあおり、大航海時代へと突入する。チョウジ、ナツメグなどの香辛料を持ち帰ったことでも知られる。

1337(1339)〜1453年

イギリス・フランス

百年戦争

イングランド王国とフランス王国による戦争。王位継承、領有権での対立などが原因であったが、長期化。当初はイングランドが優勢だったが、ジャンヌ・ダルクの登場によりフランスが勝利した。

1347年

ヨーロッパ全土

ペスト（黒死病）のパンデミック

中国からの貿易ルートにより、ヨーロッパ、中東、北アフリカに感染が拡大。ヨーロッパだけで全人口の1/4〜1/3分の1にあたる2500万人が死亡したと言われている。感染症の死者数としては人類史上最多。

1431年

フランス

ジャンヌ・ダルクの処刑

1412年頃に生まれたとされるジャンヌは神の声を聞く「オルレアンの乙女」と呼ばれ、フランスとイングランドの百年戦争で重要な戦いに勝利をもたらし、フランスの危機を救った。しかしその影響力を恐れられ、敵に捕まっても救出されず、神の啓示を標榜するジャンヌは異端とみなされ、異端審問会にかけられ火あぶりとされてしまう。

1455〜1485年

イギリス

バラ戦争

イングランドの王位継承を争った内乱。ランカスター家が赤薔薇、ヨーク家が白薔薇を記章としていたことから薔薇戦争と呼ばれた。長期の紛争ののち、ランカスター派のヘンリー・テューダーとエリザベス・オブ・ヨークが結婚し終結、テューダー王朝が成立した。

14世紀〜16世紀

イタリア

ルネサンスの興り

ルネサンスはフランス語で「再生」「復活」を意味し、イタリアから始まりヨーロッパ諸国に広がった。ダ・ヴィンチなどの多くの芸術家を生み、ガリレオなどの科学者も活躍。火薬、羅針盤、活版印刷はルネサンス期の三大改良とされる。

1492年

スペイン

コロンブスが新大陸を発見

ジェノヴァ生まれの商人コロンブスは、地球球体説を信じ西の航路から『東方見聞録』にある「黄金の国」を目指して出発。結果的にアメリカ大陸を発見する。カリブ海の西インド諸島の名は、インドに到達したというコロンブスの誤解に由来することはあまりにも有名。

1517年〜

ヨーロッパ全土

宗教改革

神学教授であったルターによる、堕落したカトリック教会への批判がきっかけとなり、多くの新教が派生。それに対抗したカトリックによる魔女狩りや宗教裁判、虐殺が横行した。

1543年

ポーランド

コペルニクスが『天球の回転について』を出版

コペルニクスはポーランド生まれの聖職者。地動説を発表した彼の著作『天球の回転について』は自身の死の直前に出版された。天動説を覆したこの説は天文学史上もっとも重要な発見とも言われている。

1558年

イギリス

エリザベス1世即位

ヘンリ8世の王女として生まれ、テューダー朝第5代目にして最後の君主。統治していた1558年〜1603年は、とくにエリザベス朝と呼ばれイングランドの黄金期だった。スペインの無敵艦隊への勝利は女王の偉大さの象徴として後世に語り継がれた。

1582年

全欧

グレゴリオ暦の採用を開始

この頃はキリスト教の復活祭（春分後の最初の満月のあとの日曜日）を基準に暦を定めていたが、ローマ時代に制定されたユリウス暦は、太陽の位置と復活祭の日にずれが生じてしまった。そこでより精度の高い太陽暦のグレゴリオ暦が、ローマ教皇グレゴリウス13世により、1582年10月15日金曜日（グレゴリオ暦）から採用。現在に至っている。

1682年

フランス

ヴェルサイユ宮殿完成

太陽王とも呼ばれたルイ14世によるバロック建築の代表的な宮殿で、豪華な建物と広大な庭園、絢爛豪華な装飾が施された鏡の間などが有名。フランスの政治、経済、文化のすべてがヴェルサイユを中心に動いたとされ、フランス絶対王政の象徴でもある。

1685年

イギリス

ジェームズ2世が国王に即位

スコットランド王としてはジェームズ7世、イングランド王・アイルランド王としてはジェームズ2世。専制的な統治が、1688年に起こる名誉革命のきっかけとなった。

1740年

オーストリア

マリア・テレジアがオーストリア大公に即位

マリア・テレジアはハプスブルク家に生まれ、政治的手腕に長けていた。のちのフランス王妃マリー・アントワネットの母としても有名。

1770年

フランス

マリー・アントワネットとルイ16世の結婚

オーストリア皇女であるマリー・アントワネットは、結婚当初フランス国民に好意的に迎えられた。14歳という年齢でフランス王家に嫁いだ彼女は、その後贅沢三昧の生活を送り、フランス革命という波にのまれ、非業の死を遂げた。

1775～1783年

アメリカ・イギリス

アメリカ独立戦争

イギリス本国とアメリカ東部沿岸13植民地による戦争。政策の失敗によるものと言われ、フランス、スペイン、オランダがアメリカに援助した。

18世紀後半～

イギリスなど

産業革命

世界に先駆けてイギリスで産業革命が始まる。紡績機、蒸気機関、鉄道などが次々と開発され、イギリスは「世界の工場」といわれた。人々の生活が大きく変わる契機ともなった。

1789年

フランス

フランス革命

ブルボン王朝の治世時代、戦争の影響から国の財政がひっ迫したにもかかわらず、奢侈な生活を送る王侯貴族に対し、平民の不満が爆発。1789年に召集された三部会は革命のひぶたを切って落とす要因となった。革命記念日の7月14日は、市民によるバスティーユ牢獄への襲撃事件の日である。

1793年

フランス

ルーヴル美術館開館

フランス革命下、前国王・ルイ16世退位（王権停止）の1周年にあたる8月10日に開館し、一般市民にも開放。開館当時は537点の絵画、184点のその他の美術品が収蔵されていた。コレクションのうち¾ほどが王室美術コレクション由来で、残りはフランス革命で他国へ亡命した上流階級、ローマ・カトリック教会からの押収美術品を国有財産化したものだった。

1798～1799年

フランス

ナポレオンのエジプト遠征

フランスは、イギリスの東地中海とインドへの進出に対抗するため、総司令官としてナポレオンが遠征。マルタを占領後アレクサンドリアに上陸しカイロに至ったものの、アブキール湾の戦いでイギリスに敗れた。その後シリアに向かうがこれも失敗。本国の情勢悪化を知り帰国した。遠征の際に発見されたロゼッタ・ストーンはヒエログリフ（神聖文字）解読の重要な資料となった。

1814年

フランス

ルイ18世が即位

フランス革命で滅びたブルボン朝だが、ナポレオンを破った第5回対仏大同盟により王政が復活。しかし七月革命により、王は亡命を余儀なくされた。

1851年

イギリス

第1回ロンドン万国博覧会開催

産業革命で沸き立つイギリスのヴィクトリア朝の繁栄を象徴する祭典。国を挙げた事業として当時の技術を駆使した全館ガラス張りのパビリオンとして「水晶宮（クリスタルパレス）」が建てられた。鉄道網の発展により全土から600万人を動員。

1863年

イギリス

ロンドンに地下鉄が完成

ロンドンの人口急増により3年をかけて完成し、世界の地下鉄の基礎とも言われる。しかし蒸気機関車が閉鎖したトンネル内を走る方式だったため、煙が充満して駅や乗客はすすだらけになってしまい、あまり評判は良くなかったよう。

1870～1871年

フランス・ドイツ

プロイセン＝フランス（普仏）戦争

ドイツ統一をめざすプロイセンと、それを阻もうとするフランスとの間の戦争。プロイセンが圧勝し、ドイツ帝国の成立を宣言。

1889年

フランス

エッフェル塔完成

フランス革命100周年の年、パリで万国博覧会が開催。パビリオンとしてエッフェル塔が建設され、パリの象徴的な名所となる。約300mの高さを誇る塔に倣い、ドイツ帝国のケルン大聖堂（157m）など、各国で高層建築ブームを巻き起こした。

1901年

スウェーデン

ノーベル賞が始まる

ダイナマイトを発明し巨万の富を得たアルフレッド・ノーベルの遺志により、化学、文学、平和などに貢献した人を選出し賞金を与える世界的な賞となった。記念すべき第1回のノーベル賞受賞者はX線を発見したヴィルヘルム・レントゲン（物理学賞）ら。

1914年

オーストリア・ハンガリー

サラエヴォ事件

サラエヴォを訪れていたオーストリア大公夫妻がセルビア人青年によって暗殺された。この事件をきっかけに第一次世界大戦が勃発。イギリス、フランス、ロシア、ドイツなどが参戦。産業革命で兵器の性能が飛躍的に高まり、多くの犠牲を出した戦争となった。

1919年

フランスなど

ヴェルサイユ条約調印

第一次世界大戦の講和条約でヴェルサイユ宮殿の鏡の間で調印式が行われた。条約の規定によって国際連盟が設置された。これ以降のこの条約に基づくヨーロッパの国際秩序はヴェルサイユ体制と呼ばれる。

1929年

アメリカなど

世界恐慌

のちに「暗黒の木曜日」と言われる10月24日、株価が大暴落し、5日後に株式市場が崩壊。銀行倒産から始まり、企業倒産、失業者の増加が連鎖的に世界に広がった。

装丁	坂川朱音（朱猫堂）
本文デザイン	坂川朱音＋小木曽杏子（朱猫堂）
イラスト	髙柳浩太郎
マンガ	Mika
DTP	山本秀一＋山本深雪（G-clef）
校正	鷗来堂
編集協力	八木直子、渡邉陽子（オフィス・マーサ）
編集	小林紗弥香（KADOKAWA）
カバー写真	『レディ・ジェーン・グレイの処刑』 ポール・ドラローシュ（1833年） アマナ ©Alamy Stock Photo/amanaimages
参考文献・ウェブサイト	『The Historical Journal』 https://digitalcommons.usu.edu/cgi/viewcontent.cgi?article=1070&context=usupress_pubs

第1章
王家・皇帝の話

中世で流行っていた怪しい治療法、あの有名王の
意外な病気とは…？ 厳格なあの国に“エロ王”がいた!?
歴史に名を残す王家・皇族の知られざる一面を
見ていきましょう。

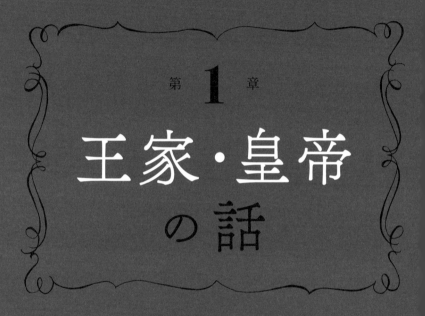

イギリス

ゲイの王様たちと恋人の物語

生粋のゲイ・ジェームズ王

「この手紙を送らずにはいられない…あなたとの出会いが喜びとなり……あなたのためにこの世を生きていきたい……」なんとも情熱的な愛の手紙です。この手紙はイングランド王ジェームズ1世［1566〜1625］が晩年に書いたものです。王妃に宛てて書いたのか？　と思ってしまいますが、実は**彼氏に向けたラブレター**でした。

ジェームズ王は女性と結婚して子供もいましたが、その生涯を通して男性を愛し続けたことで知られています。王子だった13歳の時に37歳のエズメ・ステュアート［1542〜1583］という従兄弟がフランスからやってきた時は、結構な年の差にもかかわらず、洗練された年上のイケメンに夢中になってしまいました。民衆の目に触れてしまうような場所でも、王子は彼の首筋をつかみ、所構わずキスをしていたそうです。さらにジェームズはその後も、彼に称号や宝石などを与え続けて民衆の批判を浴びました。

しかし年齢を重ねると、次第にハンサムな年下の男性に惹かれるようになっていきます。1614年の夏、ジェームズ王48歳の年、中流階級出身の美しい22歳の青年ジョージ・ヴィリアーズと出会いました。なんでも当時の司教グッドマンによれば「**国で最もハンサムなボディをもつ男**」だったそう。引き締まった体、上手なダンス、心地よい会話。26歳年下のセクシーな美青年に、王は惚れ込みました。彼に向けて、こんな手紙も書いています。

「私の体は君に愛される準備がいつでもできているよ」「私にとって妻でもあり子供でもある最愛の君を抱きしめて、何百万回もキスしたい。君を愛し続ける、だから君も私のことを……想っていてほしい」

これに反して、ヴィリアーズは1623年7月27日付の王への手紙で、自分のことをこんなふうに表現しました。

「**私は犬。**陛下のテーブルから落ちた食べかすを与えられ、喜ぶ犬です。たとえ他の誰かからご馳走を与えられても、私を満たすのは陛下の食べかすなのです」

まさかの犬。この表現は上下関係と、男性同士のイチャイチャをうまく表してお

ジェームズ1世の肖像。
『イングランド王・ジェームズ1世』
ジョン・ド・クリッツ（1605年頃）

り、さぞかし王の気分を盛り上げたことでしょう。ちなみに、この二人が過ごした建物の修復作業が2008年に行われたのですが、ジェームズ王とヴィリアーズ、それぞれの寝室をつなぐ通路が発見されました。何世紀も昔にレンガで封鎖されていたので、数百年の間誰にも知られずに放置されていたのです。

彼氏に激甘なエドワード王

また、同性を愛した王様はジェームズだけではありません。イングランド王、エドワード2世［1284～1327］にも何人かのボーイフレンドがいたと考えられています。王子の頃から、家来の息子だったピアーズという男に夢中になり、馬や高級な衣類など贈り物を惜しみなく与えました。二人の仲を心配した国王が、ピアーズを追放してしまうほど。

その後、父親の死を受けて国王の座についたエドワードは、すぐに彼氏のピアーズを宮廷に呼び戻しました。そして信じがたいことに、王族用の爵位を与えてしまったのでした……。さらにエドワードは自身の結婚式の際にも、新妻イザベラよりもピアーズに気を遣っていたと言われています。王の一連の行動に貴族たちは激怒、ピアーズを拉致して斬首してしまいました。

残念なことに、エドワード2世はこの一件から何も学ぶことはなく、後に新しい彼氏を作り、彼もまた異例の大出世を遂げます。新愛人の貴族出身のヒューは欲にまみれた策士であり、まさにやりたい放題で政治に介入。王妃の財産さえ奪ってしまいます。これによって貴族と王妃の怒りは頂点に達しました。彼らは王とヒューを捕らえ殺害、エドワードも王位を息子に譲るよう説得され、その後処刑されたと考えられています。実は議会がなかなかエドワード2世の処刑を決定しないなか、国王の救出計画が練られており、逃亡を危惧した王妃がクーデタを起こしたのでした。彼女はフランス王家の娘なので、フランス人の血を引く自身の子供をエドワード2世に代わって即位させたいという、政治的な裏事情もあったようです。

先述した王たちは特別扱いを受けて免れていますが、同性愛はかつて犯罪でした。同性愛を禁じたキリスト教が広まるにつれて、同性間の性的関係は悪であるとされ、同性愛者の人たちは去勢されたり、処刑されるようになってしまったのです。また、ヨーロッパの国々の植民地が増えるにつれて、この考えはさらに広範囲に伝わりました。

しかし、2018年にイギリス王室でエリザベス2世のいとこが初めての同性婚を果たしました。またウィリアム皇太子も、もしも自分の子が同性愛者であっても「いかなる決断も完全に支持する」と語っています。**同性愛は当たり前のこと**となり、時代は変わったのです。

まりんぬ's
＼コメント／

彼氏に夢中で妻との仲は険悪だった王たちですが、王の務めを果たすためにジェームズ1世は7人、エドワード2世は4人（さらに母親不明の庶子1名）の子供をもうけました。妻たちのロイヤルど根性も感じます。

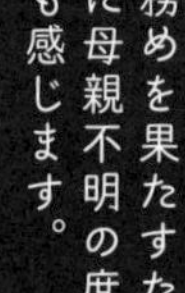

イギリス・フランス

触れるだけで病が治る？「ロイヤルタッチ」の力

「どうか、この病を治してください……」

自分や大切な人の病気を治したいという願いは、歴史を通じて人類に共通する感情です。また不思議な力やモノに頼ってしまうのは中世の人々も同じでした。

中世の人々が信じていた神秘的な力、それが「**ロイヤルタッチ**」の儀式です。当時は、王族が病人に触れることで病が治ると信じられていました。この信じがたい謎の慣習には長い歴史があり、儀式では王が水に手を浸してから患者を撫でたり、コインを渡したりなど年代によって様々なやり方がありました。またヨーロッパの中でも、特にイングランドとフランスで頻繁に行われていました。

エドワード懺悔王《ざんげ》［1003頃～1066］はイングランドの王で、ロイヤルタッチを広めたことで知られています。当時、エドワード懺悔王は治癒の力を持っていることで有名でした。彼が病気を患っている人に手をかざすことによって、病気が治るとされ、この治療は即効性があり、当然ながら痛みも伴わないため、奇跡のようだと大変な人気を博しました。

ロイヤルタッチは、特にスクロフラ（Scrofula）を治すと信じられていました。スクロフラは、腫れや潰瘍を引き起こす結核性リンパ節炎で、中世ヨーロッパでは一般的な病気でした。エドワード懺悔王の治世では、彼が修道院や教会を訪問した際に、病気の人々にロイヤルタッチを行いました。この行為は病気の人々に希望を与えるとともに、国民から「**さすが王様だ、御手で治してくださる！　神の力を持っている！**」と、印象付けるといった目的もありました。今ではとても信じられないのですが、当時は絶大な信頼性を誇っていたのです。

エドワード懺悔王の死後も、歴代の王たちによってロイヤルタッチは継続されていきました。

驚くことに一部の君主はかなり気前がよく、**エンジェル金貨**という大天使ミカエルが竜を退治する姿が描かれた金貨を発行し、それをロイヤルタッチの儀式にやってきた病気の人々に渡していました。君主は病人に触れ、金貨にリボンをつけて彼らの首にかけ、ロイヤルタッチを施しました。

一体なぜここまで支持されたのか。その理由は「**王権神授説**」にあります。王権神授説とは、「国王の権力は神から与えられており、神聖不可侵であり、臣民は国王の命令に絶対服従しなければならない」というものでした。王は神に選ばれた存在で、地上で統治していく権威を持っているとする、政治と宗教を組み合わせた考え方です。王政の政治的な正当性を意図し、王政のプロパガンダとして重要な役割を果たしていました。

一方、王の中にはこの活動を怪しんでいた人もいました。ジェームズ1世［1566～1625］です。彼はスコットランドで育ち、ジェームズ6世としてスコットランド王に即位した後にイングランドの王位に就きました。いわゆる「ヨソ者」のため、この慣習に抵抗があったのです。「**何をやっているんだ、これ……迷信だろ?**」と懐疑的でしたが、周囲の人々は信じきっていてジェームズ1世のロイヤルタッチを心待ちにしていました。結局、その圧力に屈してロイヤルタッチを行ったのでした……。

その後、ロイヤルタッチの儀式はさらに活発化し、チャールズ2世［1630～1685］は毎年平均4000人、ジェームズ2世［1633～1701］は年間6000人を触診しました。

フランスでも、王たちは熱心にロイヤルタッチに励みました。太陽王ルイ14世［1638～1

715」は数千人の患者に対してロイヤルタッチを行ったと言われています。病気に悩む人々を、特定の日にヴェルサイユ宮殿に招いて治療し、国王を神格化する機会を作っていました。さてこのスクロフラという病気ですが、通常は時間が経てば、自然に治ってしまうことが多いとか。そのため「王の治療が効いている！」という信ぴょう性が増したのでしょう。

長期にわたって行われていたロイヤルタッチですが、終わりが訪れることとなります。まず18世紀になると、ヨーロッパでは今までの権威や伝統に疑問を持ち、合理的に考えるという啓蒙思想が広がったのです。となると、「王は本当に奇跡的な力を持っているのか？」という疑問が広まり始めました……。啓蒙時代の始まりにともない、病気や治療法に関して科学的根拠や証明が求められるようになりました。その結果、**手をかざして神秘的なパワーで治すというのは時代遅れな迷信である**と考えられるようになったのです。また、フランス革命も大きな後押しとなりました。それまでの「王は神に選ばれた人だ！」という王権神授説に基づいた王族・貴族の特権が否定されるようになったのです。

まりんぬ's
＼コメント／

エンジェル金貨は、インターネットでたまに掘り出し物として買うことができます、お値段30万円くらいから。ロイヤルタッチパワーで何かいいことがあるかも？

フランス

15〜17世紀の謎の奇病「私はガラス」

あなたは勢いよく椅子に座った時に、「まずい！　お尻が粉々に割れてしまうかもしれない！」と、焦ったことはありますか？　一体どんな質問なんだと思った方もいらっしゃるかもしれませんが、中世から数百年にわたって高貴な人々の間では、とても不思議な病が流行していました。その名も「**ガラス妄想**」。一体、何が起こったのでしょうか。

中世のフランス王シャルル6世［1368〜1422］は常に不安に駆られていました。「私の身体はガラスでできているんだ。ああ、どうしよう。もしも転んでしまったら粉々になってしまう!!」との思い込みから、彼はガラスの身体の保護に執着しました。特別な服を作り、パッドや鉄の棒を身体に装着し、また**柔らかくフワフワの毛布で身体を包み**、ガラスの身体を守ろうとしたのです。それでも彼の不安は解消されませんでした。

彼の恐怖は、外出や家の中での日常生活でも常にリスクを感じさせました。ガラスの身体が割れてしまう可能性がつきまとい、家具との接触でも危険を感じたのです。シャルル6世は恐怖に支配され、家族に触れられることすら拒みました。その様子を、あるローマ教皇はこんな風に書き記しています。

「王の病気は日に日に悪化している。自分はガラスでできていると思い込み、人から触れられるのを嫌った。服には鉄の棒を入れさせて、転んで壊れてしまわないようにあらゆる方法で身を守っている」

このような君主の様子に、周囲の人々は「**うちの王様一体どうしちゃったの……**」と引いていたに違いありませんが、彼の要求に従うしかありませんでした。シャルル6世はこのガラス妄想という精神疾患を20歳で発症、生涯治ることはなかったため、「狂気王」とも呼ばれています。

さて、自分自身をガラスであると考えた人は

シャルル6世だけではありませんでした。特に15世紀から17世紀にかけて、高貴な身分の人たちの間でガラス妄想に苦しむ人が続出しました。その症状はさまざまでした。例えば、椅子に座る際に、自分のお尻が粉々になってしまわないか怖がる人もいれば、自分自身がガラス瓶の中に閉じ込められていると思い込む人もいました。彼らは自らが割れてしまわないよう、藁の上で横たわって過ごしていました。ある時、イライラした医師がその藁に火を放ちました。すると男は飛び起きて、「助けて!! 誰かー!」と、ドアを思い切り叩いて助けを求め始めました。そこで医師が「**あなたガラスですよね? なぜ今、割れていないのですか?**」と質問したところ、患者はようやく自分がガラスではないことに気がついたのでした。

人々はなぜ、このような奇病にかかってしまったのでしょうか? 実のところ、その原因は依然として謎のままなのです。しかし当時の医者は、「**メランコリー**」という貴族や天才が患ってしまう高尚な鬱病が発端であると考えていました。病気でさえ階級があるなんて嫌な社会ですよね。こういったことから患者の中には「この上流階級特有の病気になれればステータスを誇示できる……!」といういやらしい考えで、この病気になったふりをしていた人もいたかもしれません。

また興味深いことに、ガラス妄想が流行していた時代には、ヨーロッパでヴェネツィアングラスが大流行していました。ヴェネツィアのガラス職人たちの技術は驚くべきもので、その魔法のようなビジュアルに人々は魅了されました。それまで誰も透明で美しいガラスを見たことがなかったのです。ミステリアスで繊細なガラス製品が次々に登場し、裕福な人々はこれらを夢中で買い集めました。こうした背景からも、ガラス妄想が流行した時代において、ガラスという素材が一層注目を浴びたことがうかがえます。貴族たちは、ガラスの壊れやすく繊細で神秘的な存在に自分を重ね合わせていたのかもしれません。

しかしこのガラス製品のブームが終わると、奇妙なガラス妄想の流行も終息してしまいました。ガラスはもはや、稀少で謎めいた存在ではなくなっていたのです。その後、19世紀にセメントが普及すると、今度はガラス妄想と同様身体がセメントでできていると信じ込む「**セメント妄想**」がやってきました。しかしセメントも日常に溶け込むと、そのような妄想をする人々は姿を消していきました。人々は、ミステリアスなものに自分の不安や恐怖を重ね合わせるのかもしれません。時代とともに、異なる素材や要素が人々の想像力を刺激し、一時的な妄想を生み出すのです。

まりんぬ's
コメント

私なら少しの衝撃で割れてしまうガラスの身体より、シリコンか鋼鉄の身体が欲しいです。

イギリス

さまよう幽霊の正体は……!? "9日間の女王"ジェーン・グレイ

ロンドン、テムズ川沿いにそびえ立つロンドン塔。900年以上の歴史を持つこの要塞は、幾多の血生臭い過去を背負っています。現代でもその場所では、**処刑された人々の幽霊が出る**という奇妙な噂がささやかれています。

1957年、ある不可解な出来事が起こりました。夜間警備を行っていた衛兵が、城壁の上に一人の女性が立っていることに気がつきました。「おい！　誰かいるぞ」と、彼は同僚の衛兵に叫びました。するとその女性は二人の頭上を歩いて立ち去ってしまったのです。

その日は2月12日。かつてこの場所で「**9日間の女王**」と呼ばれた少女が処刑された日でした。処刑されてから毎年、この少女は彼女の命日の前後に姿を現すと言われています。その少女の名は、ジェーン・グレイ［1537～1554］。レディ・ジェーン・グレイと呼ばれた彼女は、イングランドの王位についたなかで最短期間の君主として知られていますが、権力闘争と陰謀に巻き込まれ、16歳という若さでその命を奪われてしまったのです。

ジェーンはイングランド王家の血を引く者として生まれました。また、彼女と同じ年に生まれたエドワード6世［1537～1553］は、次期国王になることが予定されていました。彼女が生まれて以来、ジェーンの両親は「絶対に娘をエドワードと結婚させ、この国の権力を手に入れる！」と、張り切っていました。エドワード6世の王妃にふさわしい教養を身につけさせるため、ジェーンが4歳になるとすぐに家庭教師をつけ、外国語、哲学、そしてイギリス国教会について教育を受けさせました。両親は野心の塊、現代でいえば完全に毒親でした。王家の血を引いた彼女がどれだけ辛い思いをしていたのか？　当時、邸宅を訪れた学者ロジャー・アシャムに対して、ジェーンはこんな発言をしています。

「父と母の前にいる時は、私は話す時も、黙っている時も、座る時も、食べる時も、飲む時も、そして喜んだり悲しんだりする時さえも、完璧を演じなければいけないんです。そうしないと、ひどく脅され、軽蔑され、時には暴力をふるわれます。今、自分は地獄にいるんじゃないか……と思うほどです」

しかし、野心に満ちた両親の期待に応えようと、ジェーンは自身を駆り立てました。彼女は非常に聡明で、ギリシア語、ラテン語、ヘブライ語などの古典言語、そしてフランス語やイタリア語を学び、6ヶ国語を理解していました。また、子供の頃から古代ギリシアの哲学者、プラトンの作品を愛読していました。

さて、娘を王妃にさせる！　という両親の目論見でしたが……うまくいきませんでした。成長するにつれて、彼女と国王エドワードをつなぐコネを持った者（トマス・シーモア※P36に出てきます。彼はエドワード6世のおじでした）が処刑されたり、エドワード自身が重病で生命が危ぶまれていたため、彼との結婚は断念せざるを得なかったのです。

両親は新たな策を練りました。そして「王妃が無理ならば、娘を女王にさせれば良い」と考えます。そこで、同じく野心家で政治に関する大きな権力を維持したいと目論んでいた貴族、ノーサンバーランド公爵の息子ギルフォード［1535〜1554］とジェーンを結婚させることにしました。二人は1553年に結婚、**ジェーンはまだ16歳、ギルフォードは18歳**でした。

一方その頃、若き国王エドワード6世は病魔に蝕まれていました。そして死期を悟り、最後の力を振り絞って、自身の死後の王位継承順位を遺言にしたためました。ノーサンバーランド公爵の説得もあり、また国王はイギリス国教会の敬虔な信者であったことから、その教えが死後もずっと続くようにと、次の王位をジェーンが継ぐよう指示したのです。エドワード6世の死後、ジェーンは女王に即位しました。

ところが、国民が王位を継承すると予想していたのはエドワード6世の異母姉、メアリでした。メアリはヘンリ8世と前妻の間に生まれ、父とケンカして庶子となったカトリック信者で、民衆を扇動してジェーンの即位に反発します。民衆から猛反対に遭った女王は即位からわずか9日後、その地位から引きずり下ろされてしまいました。

短すぎる治世が終わり、ジェーンとその夫は反逆罪で告発され、ロンドン塔で囚われの身となりました。状況が変わったのは、ジェーンの父親が反乱を企て再び娘を女王の座につけようと試みた時でした。これにより、ジェーン夫妻の処刑が決定しました。

2月12日の朝、まずは夫のギルフォードが処刑されました。窓からそれを見た彼女は、夫の名前を叫んだと言われています。続いて、ジェーン・グレイも斧で断頭され、16歳でこの世を去りました。ちなみに、およそ300年後の1833年、画家ドラローシュの傑作**『レディ・ジェーン・グレイの処刑』**が描かれ、今日に至るまでその恐ろしさと悲壮感を伝えています。

処刑されるレディ・ジェーン・グレイ。左手で自分の断首台を探している。
『レディ・ジェーン・グレイの処刑』ポール・ドラローシュ（1833年）

まりんぬ's
コメント

夫のギルフォードは処刑の前日にジェーンとの面会を希望しますが、ジェーンに断られてしまいます。「会ったところで何も変わらないし、すぐ天国で会えるでしょう」と彼女は思っていたそうです。何という心の強さ！

王家・皇帝

貴族

庶民

イギリス

処女王とセクハラおじさんと最愛の男 本当に処女だったのか?

「私は国家と結婚したのです」

イングランド王エリザベス1世［1533〜1603］はこう宣言し、その生涯をイングランドの政治に捧げました。聡明であった彼女は、国力を増大させた女王として知られています。宗教問題に取り組み、「太陽の沈まぬ国」と言われていたスペインの無敵艦隊を撃退したり、芸術を発展させたりと、輝かしい繁栄をもたらしました。ウィリアム・シェイクスピア［1564〜1616］をはじめとする才能溢れる劇作家や作家たちが現れたのもこの頃です。

また、彼女は自身が未婚でいることが、ライバル国のフランスやスペインに対して、最も外交的な武器になることを知っていました。これらの国の王族から求婚された際にも、交渉を引き延ばし、自国が有利になるように動きました。

一生を未婚で過ごした彼女は、「処女王」と呼ばれました。処女王――本人もこの点に関して、大変なこだわりを持っていました。1559年にイギリス議会で演説をした際には「**私は処女で生き、処女で死んで本望です**」「私はお墓に、死ぬまで純潔な乙女、と刻まれればそれで十分なのです!」と言い放ちました。

そんな処女王エリザベスなのですが、**彼女は本当に処女だったのでしょうか?** 多数の記録から、その生涯を取り巻く男たちの存在、また彼女の特殊な体験が明らかとなっています。

エリザベス1世の父親は、**6度結婚したバツ5のヘンリ8世**［1491~1547］です。彼の死後、13歳のエリザベスは父の最後の妻である継母、キャサリン・パー［1512~1548］と共に生活していました。キャサリンは非常に優しく、

『アルマダの肖像画』と呼ばれる、エリザベス1世の肖像画。ジョージ・ゴア(1588年頃)。

頭が良い女性で、晩年にはモンスター化していたヘンリ8世の荒んだ性格を包み込むように愛情を注いでいました。しかしその優しさは我慢の結果で、ヘンリの死の1ヶ月後、彼女は宮廷を去り、さらにその3ヶ月後にはかつての恋人であるトマス・シーモア［1508～1549］と結婚しました。

実はこのトマスという男、外見は美しいのですが、とんでもないクセ者でした。キャサリンと結婚する数ヶ月前、それもヘンリ8世の死後1ヶ月も経たないうちに、まだ13歳だったエリザベスに求婚していたのです。この時トマスは38歳、エリザベスとは25歳も歳が離れていました。これは、エリザベスが将来女王になる可能性を見越した明らかな打算でした。エリザベスは「私はまだ若すぎますし、2年間は父の死を悼むつもりです」と求婚を断ります。それでもトマスは諦めず、キャサリンと結婚しても、自身の野望のために行動を続けました。

1547年6月、トマスは新妻キャサリンと暮らすために、彼女とエリザベスが暮らす邸宅に引っ越し、その数日後から、さっそく**エリザベスの部屋への早朝訪問**が始まりました。彼はガウンだけを身にまとい、薄着でエリザベスの部屋に現れます。そして「おはよう」と声をかけながら、ナイトドレスしか着ていないエリザベスの背中や尻を親しげに触っていたと、当時の召使いは証言しています。エリザベスの家庭教師は「トマスの話をすると、エリザベスは顔を赤らめていたから、彼女は彼を好きだったのではないか」とのちに述べています。こういったことから、エリザベスがトマスに恋心を抱いていたという説もありますが、25歳も年上のおじさんからセクハラを受けていたと、むしろトラウマを抱えていた可能性の方が高いのでは……。いずれにせよ、彼の薄着での早朝訪問は続き、1548年にキャサリンが亡くなると、トマスはエリザベスと結婚すると言い出しました。

ところが1549年、トマスは反逆罪で逮捕されてしまいます。国の権力を手に入れるため、護国卿の兄にとって代わろうと陰謀を企てていることが明らかとなったからでした。ここでトマスの野望は終わりを告げ、同年に斬首されました。エリザベスの人生から彼の存在は消えましたが、この経験は彼女の心に深く刻まれたのです。

さて、エリザベスは「処女王」とは言われていますが、尼僧のように男性を完全に避けていたというわけではありません。彼女は魅力的で格好良い男性が好きで、お気に入りの寵臣が何人も存在していました。中でも一番のお気に入りだったのが、ロバート・ダドリー［1532〜1588］です。

エリザベスとロバートは幼馴染で年齢も近く、同じ家庭教師から教育を受けていました。1558年にエリザベスが女王の座に就くやいなや、ロバートは白馬に乗ってエリザベスのもとに現れました。エリザベスは彼をすぐに馬術師範や顧問の職に任命し、宮廷に住まわせました。ロバートは身長180㎝、美しい体格のイケメンでした。

数週間のうちに、女王とロバートは恋人同士である！　という噂が流れました。実際、二人は宮廷のどこへ行くにも一緒にいて、イチャついていました。即位から1年後には、ダドリーの寝室を自分の部屋の隣に指定し、密会しやすいようにしていました。宮廷の人々の視線は二人に釘付けになり、宮廷のある老婆が「**ロバート様は女王様の下着を赤くした！　つまり処女を奪ったんじゃ……**」という噂を流したところ、彼女は投獄されてしまいました。エリザベスの私生活は宮廷どころかヨーロッパ中から注目されており、「あらゆる場所で、人が私の行動を見ている」と不満を漏らしていました。

二人は幸せそうに見えましたが、なんとロバートは既婚者でした。彼の妻はエイミーという大富豪の娘で、絶世の美女でした。しかしエイミーは乳がんを患っていたとされており、そのためエリザベスとロバートは結婚するために彼女の死を待っているのではないか、という噂が宮廷に流れていました。そして、その最中、エイミーが突然、**謎の死**を遂げました。

1560年9月8日、エイミーが階段の下で、首の骨を折って死んでいるのが発見されたのです。「殺人に違いない！」と親族は訴えましたが調査の結果、事故死であると判断されました。それでも、もしかしたらロバートが邪魔な妻を殺したのではないか、いや、自殺かもしれないと疑惑は尽きず、エイミーの死は大スキャンダルになりました。

「さぁ、邪魔者はいなくなった！」ということでロバートはエリザベスに求婚します。しかしエイミーの謎の死の一件があり、また女王が臣下と結婚するのは不適切だと、宮廷の多くの人が反対します。エリザベス自身も、彼と結婚すれば自分の王位が失われてしまう可能性があることをよく理解しており、求婚を受け入れることはしませんでした。

とはいえ、彼女はロバートと別れることはできませんでした。「ロバートは私の子犬みたいなものです」と言ってみたり、ロバートのことを「スイート・ロビン」と呼んだり、手紙には二人だけの秘密のロバートのニックネーム「ôô」という記号を書いて盛り上がったりしていました。またエイミーの死の翌年には、メイドに変装してロバートの狩りを見物したり、一緒に食事をするために変装して宮廷から抜け出したりもしています。

ロバートは10年以上にわたっ

て、エリザベスと結婚したいという気持ちを伝え続けました。その集大成ともいえるのが、1575年のケニルワースの祭りでした。この祭りはロバートの邸宅があったケニルワース城に、エリザベスが3週間滞在する間に執り行われ、ロバートは花火や曲芸などをエリザベスを楽しませるためだけに催しました。「女王陛下、ご覧ください！」と、**自分とエリザベスの等身大の肖像画**も披露しました。そして最高潮に達したのが、女王が立ち去る間際に行われたロバート渾身のスピーチでした。「美しい女王よ！　もっと長くここにいてください。ここに住んでください！」この愛の叫びは、ロバートからの最後の告白でした。彼はこれを最後に、この恋にケリをつけたかったのではという説もあります。しかし、その告白は失敗に終わりました。

その後、ロバートは女王の侍女レティスと関係を持ち、3年後に彼女を妊娠させました。レティスに結婚を迫られた彼は、秘密裏に挙式をすることに同意。その結婚式の2日後にエリザベスは二人に会いましたが、誰も結婚の事実を女王に伝えることができませんでした……。その事実をエリザベスが知ったのはずっと後になってからで、大激怒した彼女はレティスを追放し、ロバートに対してはまるで彼が結婚していないかのように振る舞い続けました。

1588年、ロバートは病に倒れ、この世を去りました。彼は晩年、病に苦しみつつも、エリザベスのために軍を指導していました。ロバートの死を聞いたエリザベスは深い悲しみに打ちのめされ、部屋に閉じこもって宮廷の行事に参加することができなかったと言われています。

心から愛した唯一の男性が去ってしまったのです。二人が初めて出会ってから50年以上もの時が経っていました。

それから15年――エリザベスが息を引き取った時、枕元の箱からロバートが彼女にしたためた最後の手紙が見つかりました。エリザベスは彼からの最後の言葉を大切に保管し、一生を共にしたのです。この手紙はエリザベスの愛の証として、ロバートを絶えず思い続けていたことを物語っています。

まりんぬ's コメント

1587年にアーサー・ダドリーという、自分はエリザベスとロバートの隠し子である、と主張する人物が登場しています。その出生時期は、エリザベスが体調不良だった時期と重なりますが真相は藪《やぶ》の中。

イギリス

冬の恒例イベント！イギリスの奇祭の由来

イギリスでは毎年11月5日の夜空に、無数の花火が打ち上げられます。また広場には火事レベルの巨大な焚き火が作られ、藁人形を炎に投げ込み燃やします。かつては藁人形を引きずり回したり、肖像画を燃やす風習もありました。

この伝統的で奇妙なお祭りは「**ガイ・フォークス・ナイト**」と呼ばれるもので、４００年以上前に起こった国王暗殺未遂事件に由来しています。祭りで使用される藁人形は、犯人グループの中のある男を表しています。

１６０５年10月26日に、イングランドの貴族で議員のモンティーグル卿［１５７５〜１６２２］に差出人不明の怪しい手紙が届きました。「だんなさま、無事でいてください。議会に出席しないでください。今はいつも通りの静けさですが、国会でひどい爆発が起きるはずです。たくさんの血が流れることでしょう。これは人と神が決定したことなのです。この忠告を無視しないでください」という物騒な内容でした。彼は手紙を読むなり、すぐに国王の側近の貴族ロバート・セシル［1563～1612］にそれを伝えます。

「国王、このような手紙が届きました」と、セシルは国王ジェームズ1世［1566～1625］に手紙を見せました。国王は手紙を読むなり「ふむ……**これはつまり何者かが、議会のあるウェストミンスター宮殿を爆破する計画をしているのではないか？**」と推理しました。手紙を読めば誰にでも分かることではありますが、世渡り上手のセシルは「むっ！　確かにそうですな。さすが国王、素晴らしい知性をお持ちだ！」と褒め称えました。そして国王は、ウェストミンスター宮殿の徹底的な調査を命じました。

さてその頃ウェストミンスター宮殿のある地下室では、13人の男たちが国王暗殺のために

Bates. R. Winter. C. Wright. J. Wright. Percy. Fawkes. Catesby. T. Winter.

THE GUNPOWDER CONSPIRATORS—FROM A PRINT PUBLISHED IMMEDIATELY AFTER THE DISCOVERY.

ガイ・フォークスと共謀者たち。首謀者はガイ・フォークスではなかった。

ウェストミンスター爆破計画を進めていました。リーダーは、イケメンで貴族のロバート・ケイツビー［1572〜1605］という男で、基本的に犯人グループは血縁関係のあるメンバーで構成されていました。しかし爆破の実行犯役に選ばれたのは、その実績を買われた、血縁関係のない元軍人のガイ・フォークス［1570〜1606］という男でした。

犯人グループには、**あるひとつの共通点**がありました。それは、カトリック教徒であるということ。

前王朝（テューダー朝）ではプロテスタント系のイギリス国教会を国教としていたため、ジェームズ1世の前国王であったエリザベス1世は激しくカトリック教徒を弾圧していました。そしてエリザベスが亡くなり、カトリック教徒たちは、スコットランドから招かれたジェームズ1世にカトリックへの寛容性を期待したわけですが、ジェームズはカトリックどころかピューリタン（カルヴァン派のプロテスタント）まで弾圧し始めたのです。カトリック教徒にとっては期待を裏切られた気持ちになりますよね。

ところで、爆破の情報を手紙で漏らしたのは一体誰だったのでしょうか？　最も怪しいのが犯人グループのメンバーで、計画に反対していたとされるフランシス・トレシャム［1567〜1605］と言われていますが、歴史家の中には、王の側近である策士のセシルが裏で情報を掴み密告した、と考えている人もいます。手紙の主の正体はいまだにミステリーのままです。

1605年11月5日の夜明け前、実行犯役のガイ・フォークスは火薬を隠している地下室の見張りを任されていました。そこには36樽もの火薬が準備されており、昼間に行われる議会に国王がやってくるのを待って、爆破し殺害する予定でした。しかし、**実行直前に国王の捜索隊に発見され、ガイ・フォークスは逮捕**されてしまいます。

「ガイ・フォークスが捕まってしまった！」犯人グループに彼の逮捕の知らせが届くと、彼らは一目散に逃げ出しました。しかし数日後にイングランド軍と犯人グループの一部が銃撃戦となり、リーダーを含む4名が死亡、残りのメンバーも全員捕らえられました。彼らは拷問を受け、全員が処刑されました。

この事件を聞いたロンドン市民は「我々の国王は生きている！」と喜び、その失敗を祝って火を焚きました。翌年からはこの日を「**命を救い給うたことを神に感謝する日**」として祝い特別礼拝を行う法が制定され、やがてイベントに変わっていきました。時代によってはカトリックのローマ教皇の肖像画を燃やしたり、実行犯のガイ・フォークスの人形を燃やしたり、政治家の人形を燃やしたりと420年もの間、形を変えて、社会や政治を反映しながら英国文化の一部として生活に根付いていったのです。現在は宗教的意味合いは薄れ、寒い冬の訪れを楽しむ花火大会へと変わっています。

まりんぬ's
＼コメント／

英語で「男性／奴」を意味する「Guy（ガイ）」。これはガイ・フォークスのガイというニックネームに由来しているそうです。今では世界中で使われていますね。

王家・皇帝

貴族

庶民

イギリス

魅惑の紅茶とアフタヌーンティー謎の習慣は何から生まれた？

あなたはイギリス人にどんな印象を持っていますか？　紳士的でいつも紅茶を飲んでいる、まどろっこしい英語を話す、そしてアフタヌーンティーを楽しんでいる……など、いろいろなイメージが浮かぶと思います。確かに、イギリス在住の筆者の周りにいるイギリス人たちは、高確率で紅茶が大好きです。家を訪問すれば「ティー？」おしゃべりしようとなったら「ティー？」と、事あるごとに紅茶を飲むか尋ねられます。スーパーマーケットには巨大な紅茶のコーナーがあり、日常生活にお茶は欠かせないものになっています。また、イギリスで愛されている優雅なアフタヌーンティーは、1881年に発表された小説『ある婦人の肖像』(著：ヘンリー・ジェイムズ）で「**人生において、アフタヌーンティーに捧げる時間ほど楽しい時間はない**」と表現されました。

しかしながら紅茶はこの国で作られているわけではなく、実は**輸入品**なのです。ではなぜイギリスで紅茶が国民的な飲み物になったのでしょうか？　またアフタヌーンティーはいつから楽しまれるようになったのでしょうか？　これらの謎めいた習慣の起源には興味深いストーリーがあります。イギリスがどのように紅茶の愛好国となり、アフタヌーンティーが定着したのかを探ってみましょう。

実は、紅茶は世界では何世紀にもわたって飲まれていましたが、イギリスに紅茶が伝わったのはそのずっと後でした。お茶は中国で生まれ、オランダ商人たちがそれをヨーロッパに運び広めました。その後1650年代に、ロンドンのコーヒーハウスでも紅茶が提供されましたが「なんか飲んだことない飲み物だな……」と思われたのか結局ブームにはなりませんでした。ちなみにコーヒーハウスとはかつて存在した男性の社交場で、店によって詩人や作家、商人など特定の職業の客たちで賑わっていました。1650年にオクスフォード、1652年にロンドンで開業し、初期はコーヒーやチョコレート飲料を楽しみながらビジネスやゴシップが交わされる楽しい場所でしたが、やがて紅茶が流行し、それに伴い18世紀頃から大衆的な場所となって酒場化し、次第に衰退していきました。

紅茶が大流行したのは、ある一人のポルトガル人女性がきっかけでした。1662年、国王チャールズ2世［1630～1685］との結婚を控えていたポルトガルの王女キャサリン・オブ・ブラガンザ［1638～1705］は、イギリスに到着するとすぐに「紅茶を一杯いただけるかしら？」と尋ねました。しかし当時、紅茶はまだイギリスで一般的な飲み物ではなく、準備されていませんでした。代わりに、彼女の前にはビールが出されました。

この出来事はキャサリンにとって少々ショッキングだったかもしれません。彼女は自国の習慣でもあった紅茶を愛していたので、即座にイギリスに紅茶の文化を持ち込むことを決意しました。キャサリンはポルトガルから紅茶を取り寄せ、自宅で紅茶を楽しみ、さらには宮廷での公式な行事にも紅茶を取り入れました。王妃の嗜む新しい飲み物ということで、紅茶は社交界の富裕層の間で一気に広まり流行しました。

しかし、紅茶は驚異の**119%もの税金がかけられた高級品**でした。というのも、紅茶が酒類よりも人気の飲み物になってしまい、アルコールの税収が下がるのではないかと心配した政府が、1676年に重税を課したのです。「紅茶が欲しいけれど高すぎて買えない」というジレンマに直面した人々は、密輸するようになりました。結果として、密輸された紅茶の方が正規で輸入された紅茶よりも広く飲まれるようになってしまいました。上流階級は上質な茶葉、下層階級は手軽な茶葉と、種類は違えど誰もが紅茶を楽しんでいることを受け、1784年に議会は紅茶税を12・5%に引き下げました。

さて、アフタヌーンティーは美味しい紅茶に、サンドイッチ、濃厚なクロテッドクリームとジャムが添えられたスコーン、そして甘いケーキが段になった食器で運ばれてくる、イギリスを代表する食事です。ロンドンを訪れたら、一度は味わっておきたい逸品です。

アフタヌーンティーの起源は1840年頃に遡ります。ヴィクトリア女王の侍女であるベッドフォード侯爵夫人が「なんだか17時ぐらいにいつも落ち込んでしまうのよ……」と言い出しました。その理由は……お腹が空いていたからでした！　当時は正午にランチを食べ、夕飯は21時頃になるのが一般的だったのです。
彼女はこの問題を改善すべく、午後に紅茶、パンとバター、そしてケーキを自分の部屋に持ってくるように要求しました。当時の上流階級の人々は全員お腹が空いていたのでしょう。この習慣はすぐさま広がり、その後中流階級にも受け入れられ、ついにはイギリス全土に広がっていきました。人々は、アフタヌーンティーを庭で開催したり、屋敷の全員で楽しむようになったのでした。

まりんぬ's
コメント

現代のロンドンでは有名な高級ホテルや、博物館、小さなカフェなどさまざまな場所でアフタヌーンティーが楽しめます。ただしお腹いっぱいになるので、ランチは抜いていきましょう！

スペイン

近親婚の果てに生まれた王子様とお姫様の末路

「戦争は他家に任せておけ、幸いなオーストリアよ、汝は結婚せよ」

これが、ヨーロッパの大帝国を築いたハプスブルク家の家訓でした。彼らは国家間の争いを避けつつ領土を拡大するために、他国の王族との政略結婚という形を採用しました。そしてさらなる強固な結びつきを求め、一族の血を他国へと送り込んだのです。しかしこれによって親族間の近親婚が度重なり、一族の健康と遺伝に深刻な影響を及ぼすことになりました。特に**おじと姪の間の結婚**が多く、それによる遺伝的なリスクは計り知れないものでした。これを示す指標として「**近交係数**」というものがあり、ハプスブルク家のそれは非常に高い値を示していました。この結果、多くの子供たちが早世し、ハプスブルク家の血筋はその**生存率**の低さから、遺伝的な問題を抱えていることが明らかになったのです。

オーストリアのハプスブルク家は一族の本流ですが、16世紀にスペイン王家もハプスブルク家になり、1516年にはスペイン・ハプスブルク家が誕生しました。その後、スペイン・ハプスブルク家は近親婚を何度も繰り返し、非常に高い近交係数を持つ子供が誕生していました。その最後の例として、16世代にわたる近親交配の果てに生まれた二人の姉弟、カルロス2世［1661~1700］とマルガリータ［1651~1673］の運命を見ていきましょう。

カルロスは生まれつき多くの健康問題を抱えていました。頻繁にてんかんの発作や下痢に悩まされ、また体格にも問題があり、背が低く、常によだれを垂らしていたと伝えられています。また知的障害もあり、生涯にわたってほとんど言葉を発しませんでした。宮廷では、彼が長生きするためにあらゆる努力がなされたといいます。

そして、彼は有名な「**ハプスブルク家の顎《あご》**」も受け継いでいました。これは下顎が著しく突き出ている形状のことで、カルロスの場合はそれが顕著でした。近年の研究でこの顎は、近親婚の結果であった可能性が高いことがわかっています。カルロスは口をしっかりと閉じることができず、上下の歯が噛み合わないので固形食を摂るのも困難でした。このような状態でしたが、カルロスは2度結婚をします。が、性的に不能だったとされ、子供は生まれませんでした。

そんなカルロスでしたが、父親の死後は国王として即位します。しかし前述の健康状態を利用され、カルロスは母親、妻、そして異母兄により、政治的に操られる存在になってしまいました……。当時のポルトガルの役人は25歳の王を見て、「彼の動作は緩慢で、無関心で、茫然としている。彼には自分の意思がないため、人々は彼を思うままに操ることができる」と記録しています。

カルロスは35歳頃には禿げてしまい、次第に歩行も困難となりました。晩年には幻覚に悩まされ、40歳を迎えることなくこの世を去りました。彼の代でスペインのハプスブルク家は断絶し、**近親婚の連鎖が王朝の終焉を引き起こした**のです……。

弟が健康問題に苦しむ一方、姉のマルガリータは外見上は順調に成長しました。彼女は父親から「マイ・ジョイ（私の喜び）ちゃん」と呼ばれ、深い愛情を受けて育ったのです。最高の教育を受け、上品なマナーも身につけました。けれどこの少女もまた、代々続く近親婚の呪いから逃れることはできませんでした。生まれた瞬間から彼女は政治的な道具であり、近親婚を続けるための存在でしかなかったのです。

まず、2歳の頃から、マルガリータの肖像画が何枚も描かれました。そしてそれははるばるウィーンに送られていました。そこで絵を受け取っていたのは、彼女の母親の弟、つまりマルガリータの叔父である後の神聖ローマ皇帝レオポルト1世［1640～1705］です。彼女が物心つく前から、この叔父と結婚することは決まっていました。父親は彼女が成長していく様子を、絵にして知らせていたのです。そのうちの1点が、スペイン・バロック絵画を代表する画家、ディエゴ・ベラスケス［1599～1660］が描いた『ラス・メニーナス』です。

マルガリータが15歳、叔父のレオポルトが26歳になる1666年に二人は結婚しました。マルガリータは生涯、夫のことを「**叔父さま**」と呼び続けました。この関係、現代だとキツすぎるのですが、二人の仲は良好でした。共通の趣味であるオペラやバレエを楽しんでいたようです。

しかし、近親婚の呪いは彼女を苦しめました。マルガリータは、6年間のうちに4人の子供を出産し、さらに数回の流産も経験しています。かなりのハイペースですが、世継ぎを作ることが彼女の使命でした。しかし、子供たちの中で成人したのは**わずか一人の女児のみ**。不幸なことに、敬虔なクリスチャンだった彼女はこの原因を「異教徒のユダヤ人のせいだ」と思い込みました。そこで1670年にレオポルトはウィーンの街からユダヤ人を追放しましたが、もちろんそんなことをしても何の解決策にもなりません。マルガリータは1673年に第6子を出産した際、21歳で赤ん坊と共に亡くなってしまいました。

ベラスケスの弟子が描いたマルガリータの肖像画。『ピンクのドレスの王女マルガリータ・テレサ』フアン・バウティスタ・マルティネス・デル・マーゾ（1660年頃）

まりんぬ's コメント

マルガリータの成長を描いた絵画はウィーンの美術史美術館で、『ラス・メニーナス』はスペインのプラド美術館で観ることができます。

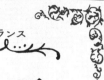

フランス

王の痔から始まる革命!? ルイ14世と医療の進化

豪華なヴェルサイユ宮殿に住み、「太陽王」と崇められたフランス国王ルイ14世「1638〜1715」。しかし、**彼は全く太陽が照らしてくれない闇を、そのお尻に抱えていました。**

1686年、ルイの主治医はこう書き記しました。「1月15日。陛下は肛門から指2本分、股間の方に小さなしこりがあるとおっしゃいました。それは触っても特に痛みはなく、赤みもありませんでした」始まりは、このように静かなものでした。ところがしこりはどんどん大きくなり膿が漏れ、激痛が走るようになります。王の医療チームは薔薇やハーブを赤ワインで煮て湿布したり、しこりに針を刺して中から膿を絞り出したりしました。

ちなみに当時はウィルスや細菌は水が肌に触れることによって感染すると考えられており、貴族たちは水に強い恐怖心を抱いていました。ルイは生涯で2回しか入浴しなかったと言われています。

お尻のしこりは日増しに悪化の一途をたどりました。膿が漏れるので毎日2、3回の着替えが必要となり、その痛みは何ヶ月も続きました。医師たちは王の苦痛を軽減しようと浣腸を行いました。この浣腸は特別仕様で、**バラやオレンジの香り付き、色付き**でした。しかしこの香り高き浣腸治療もまた、ルイの苦痛を和らげることはできませんでした。痛みで馬に乗ることも玉座に座り続けることもできず、次第に自室にこもるようになりました。これまでの治療で医師たちの無力さを悟ったルイは、「もう主治医は信用ならん!」と、ある床屋の男を呼び出したのです……。

シャルル・フランソワ・フェリックス［1635～1703］は、理髪師として生計を立てながら、外科医としても活動していました。この2つの職業が兼業だったのには、当時の医療環境の実情が影響しています。

17世紀の医療界には、2つのタイプの医者が存在し

ました。ひとつはエリート教育を受け、ラテン語を流暢に操り、学術的な知識をもとに病気の理論を語り、裕福な人々の健康相談に乗っていた大学出身の医師たち。彼らは医学の知識を有していたものの、直接患者に手を下すことはほとんどありませんでした。

もうひとつは、フェリックスのような理髪外科医たち。彼らは理髪師としての仕事をこなしつつ、患者に対して手術も行っていました。その手術内容は虫歯を抜くものから、当時一般的に行われていた瀉血《しゃけつ》という方法まで多岐にわたりました。瀉血とは、血液を意図的に流して体内のバランスを整えることで、病気を治療できると考えられていた治療法です。しかし現代の医学から見ると、瀉血は貧血や感染症を引き起こすリスクが高く、時には命を脅かす危険さえあるもの。それでも彼らは患者に直接手を下す治療方法に励んでいました。

エリート医師たちからは、**理髪外科医の仕事は下級**で、また汚れ仕事と見なされていました。しかしフェリックスが王の呼び出しを受けたことで、彼らの待遇は一変していきます。

選ばれた理髪外科医、フェリックスは王の問題部位を診察することとなりました。彼の心情は複雑だったことでしょう。「王の下半身を手術するなんて……失敗したらどうなるんだろう」と、重圧に押しつぶされそうにもなりました。けれど彼は逃げることなく、全治まで6ヶ月間の期間を要求し、その間に技術の向上に励むことを決心しました。

王室からの全面的な支援を受け、フェリックスは王室が集めた75人の健康な男性たちに対して、手術の練習を行いました。恐ろしいことに、この練習の結果、命を落とした人々はこっそりと埋葬され、何人かは生き残ったといわれています。フェリックスはこの経験から、手術のための器具を開発しました。

手術当日、フェリックスと彼を助ける4人の薬剤師が、王の体を押さえるために呼ばれました。**無麻酔の中で行われたこの手術は、3時間にも及び**ました。薬剤師たちが王の足を押さえ、フェリックスは自身が開発した長い鎌のような器具を肛門に突っ込み、巨大なしこりを切り取りました。想像を絶する痛みですが、ルイはそれに耐え、自身の威厳を保つことに全力を尽くしました。そして、手術は成功。フェリックスの施術者としての技術とルイの忍耐力が試される厳しい戦いは、二人にとって大きな勝利となったのです。

この一件はフランスの外科医学界に大きな影響を与えました。ニュースはフランス全土に広がり、以前は医師たちから軽蔑されていた理髪外科医たちは、これまでにない高い評価と尊敬を受けるようになり、多くの優秀な外科医を育成することにつながったのでした。

まりんぬ's
コメント

太陽王ルイ14世のお尻から放たれた光、それは医療の世界に一筋の希望をもたらす革新の輝きでした。

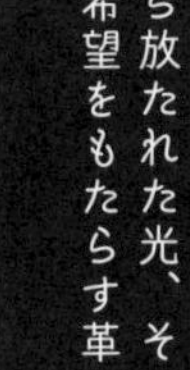

・イギリス

厳格な国を一気に変えた陽気で不道徳なエロ王

かつてイギリスでは、「陽気な王様」として知られるチャールズ2世［1630～1685］が君臨していました。彼は快楽を追求し、人生を楽しむことに情熱を傾け、その陽気な性格は国を変えるほどの影響を与えました。さあ、彼の築いた狂乱の一時代を見ていきましょう。

イギリスには現在も王室が存在していますが、実はその長い歴史の中で、約11年間君主が不在の時代がありました。ステュアート朝の絶対王政に対して、宗教的自由を求めて立ち上がったピューリタン革命によって王政が倒され、1649年から共和政が取られていたのです。しかし王族を追い出したにもかかわらず、新しく始まったのはピューリタンの教えに厳格なオリバー・クロムウェル［1599～1658］の独裁的な軍事政権でした。「生きにくい！　王政の方がマシだ！」と、多くの人々が嫌になってしまい、父の後を継いだリチャード・クロムウェル［1626～1712］の政権返還により、**たった11年で再び王政が復活する**ことになったのでした。

そして1660年、前王チャールズ1世の息子で、フランスへ亡命していたチャールズ2世がイギリスに帰ってきました。当時の作家ジョン・イーヴリンによれば、通りは花で覆われ、鐘が鳴り、泉からはワインが流れていたそうです。国民は歓喜に満ち、熱狂的に新しい王を迎えました。新しい君主は気さくで、人当たりが良く、寛大な性格でした。しかしそれに加えて、常軌を逸したレベルでセックスと不倫を好みました。

チャールズは亡命中に長らくフランスの宮廷で過ごしており、郷に入っては郷に従え！　ということで、フランス王室お得意の色恋沙汰や愛人との関係に浸っていました。「**お！　この子可愛いな、僕と寝ようよ！**」と、何人もの美女と関係を持ち、すでに4人の隠し子もいました。この経験が彼に大きな影響を与え、イギリスにもフランス流の快楽を導入することを決意。過去のイギリスの君主たちも私的な愛人を持っていたも

のの、比較的控えめな生活を送っていましたがチャールズは、フランスのように**公的な愛人制度**を取り入れることにしたのです。愛人たちは宮殿に専用の部屋を持ち、国のお金を自由に使い、政治に口出しする特権まで持ちました。そして陽気な王は思いっきり不倫を楽しみました。

陽気な王様の出現で、宮廷は快楽の場所に様変わり。パーティー、過度な飲酒、ギャンブル、そして自由恋愛が大流行し、瞬く間に宮殿は**不倫のメリーゴーラウンド**と化したのです。先述の作家ジョン・イーヴリンは日記で「言い表せないほどの贅沢、戯言、ギャンブル、全ての快楽がそこにあった。人々はまるで神を完全に忘れてしまったようだ」と嘆きました。

イギリス初の国王公認の愛人となった女性は、バーバラという名前の既婚女性でした。彼女は美しい容姿とんでもない色気を持っており、快楽を追求するチャールズは彼女に夢中になりました。ある時、チャールズはフランス代表団との会議中に「今日はそろそろ終わりにしましょう！」と急に打ち切りを宣言。その理由は……気が短いバーバラとの夕食に遅れそうだったからでした。また、彼は大嫌いな政治の仕事を少しでも楽しめるように、バーバラの部屋で執務に取り組むこともありました。

1662年、チャールズは愛人と一緒に屋上に立ち、特別なゲストの到着を待っていました。そのゲストとは、夫であるチャールズとの新婚旅行を終えて宮殿に引っ越してきた妻、キャサリンです。この場面は**愛人と夫が並んで妻を待つという地獄のような光景**でしたが、さらに辛いことに彼女は何度も流産を経験し、子供に恵まれませんでした。しかしチャールズは愛人たちと、少なくとも12人以上の子供をもうけました。チャールズの愛人については正確な情報はわかりませんが、少なくとも12人が存在したとされています。

一方で、チャールズは、それまでの退屈で厳粛なイギリスに活気をもたらす功績も残しました。彼は議会によって淫らであるという理由で禁止されていたすべての劇場を再開させ、**女性の舞台出演も初めて許可**しました。それまで女性の役は若い男性が演じていましたが、これをきっかけに俳優を目指す女性が増え、17世紀後半には数名の大女優が誕生しました。また禁止されていた祝日も復活させ、チャールズは頻繁に街に繰り出し、一般の人々と一緒に芝居を楽しんだり、酒場に通ったりしました。さらに科学や実験にも興味を持ち、ロンドン王立協会や天文台の設立にも関与しました。こうした彼の革新的な行動は社会に活気と陽気な風をもたらしたのです。

まりんぬ's コメント

チャールズ2世はつまらない政治の仕事が大嫌いだったので、彼との会話に仕事の話題を持ち込むことはタブーでした。人目を気にせず陽気を極めた王を見習い、自分に優しく、楽しく過ごしたいものですね。

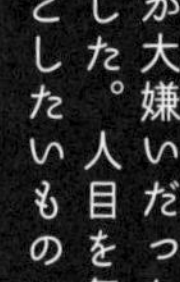

フランス

マリー・アントワネットの子供たちには何が起きたのか？

美しきフランス王妃、マリー・アントワネット［1755〜1793］。彼女の華麗な生涯とフランス革命によって遂げた悲劇的な最期はあまりに有名です。しかし、彼女がギロチンの刃で命を落とした後、彼女の子供たちがどのような運命をたどったのかは謎とされ、あまり知られてはいません。一体彼らに何が起こったのか？　紐解いていきましょう。

マリーはその生涯で、4人の子供を出産しました。しかし、次女のソフィーは1歳の誕生日を待たずに、そして長男のルイ・ジョゼフは病気のためわずか7歳でこの世を去ります。彼の死後すぐにフランス革命が始まり、一家は混乱の中で悲しみに暮れる余裕すらありませんでした。マリー・アントワネットは残された二人の子供、長女のマリー・テレーズ［1778〜1851］と次男のルイ・シャルル［1785〜1795］の将来を案じました。

1791年、フランス革命が急速に勢いを増していく中、国王一家は国外逃亡を試みます。しかし計画は失敗し、一家はテュイルリー宮殿からタンプル塔へと移され、厳重な監視下に置かれました。かつての豪華で華やかな日々は遠い過去のものとなり、彼らの生活は一変します。

一家がタンプル塔に閉じ込められて半年が経過した1793年1月21日、マリー・アントワネットの夫である国王ルイ16世［1754〜1793］はギロチンで処刑されました。その時点で王政は事実上廃止されており、新たに立てられた第一共和政政府（国民公会）は、かつての王位継承者であったルイ・シャルルをどう扱うべきか迷っていました。

混乱の中、ルイ・シャルルは処刑直前の母親マリー・アントワネットから引き離され、新政府によりアントワーヌ・シモンという靴職人の元にしばらく預けられました。彼の元でのルイ・シャルルの生活は過酷なもので、**性的・身体的虐待を受けていた**との説が存在します。

その後、ルイ・シャルルは完全に隔離された状態で生活を送りました。彼は

『マリー・アントワネットと子供たち』
エリザベト・ルイーズ・ヴィジェ・ル・ブラン（1787年）

人々との接触をほとんど許されず、不衛生な環境の中で一人ぼっちで過ごさなければなりませんでした。彼の部屋は糞尿で汚れ、劣悪な状態で放置されていたそうです。その中で彼は孤独と病気と闘い続けましたが、やがて重い病に倒れ、そのまま命を落としました。わずか10歳でした。遺体は解剖され、心臓は医師によって盗まれたと伝えられています。

ところが「本当にあの時ルイ・シャルルは死んだのか？」こんな疑問が国民から噴出するようになりました。死んだ少年は替え玉で、本物はどこかで生きているのではないか？　という憶測が広がったのです。その結果、何十年にもわたって**「私がルイ17世です！」**と主張する人々が続出しました。この状況は都市伝説として広まり、**消えた王子に関する書籍が500冊以上も出版**されるなど、長きに渡って謎として扱われることとなりました。

彼の死から約200年後、ついにルイ・シャルルの謎が明らかになります。解剖の際に盗まれたとされる心臓はブルボン家の子孫の手に渡り、長い間保管されていました。そして2000年になってその心臓とマリー・アントワネットの毛髪のDNA鑑定が行われたのです。その結果、心臓の持ち主はルイ・シャルルであることが判明しました。

それでは、残されたもう一人の子供、マリー・テレーズはどうなってしまったのでしょうか？

彼女もまた、多くの苦難にさらされました。両親や叔母の処刑、弟の死といった悲劇に直面した後、彼女はウィーンに追放され従兄弟と結婚、ヨーロッパの国々で亡命生活を続けながら長い人生を全うし、72歳で亡くなりました。しかし、彼女にも長年にわたって語り継がれた謎がありました。実は、テンプル塔に投獄された後にマリー・テレーズは偽者とすり替えられ、行方不明になってしまった、という説です。

1807年、ドイツの村アイスハウゼンに、謎の裕福なカップルが現れました。このカップルは城に隠れて生活し、その秘密主義の女性は「闇の伯爵夫人」として知られました。村人たちは彼女に興味を持ち、マリー・テレーズではないかとの噂が広まりました。闇の伯爵夫人は30年後に静かに亡くなりました。2013年にこの女性の遺骨が発掘され、DNA鑑定が行われた結果、マリー・テレーズではないことが確認されました。

こうして、マリー・アントワネットの子供たちの謎は明らかになりました。彼らは多くの試練に直面し運命に翻弄されながらも、懸命に生き抜いていたのでした。

まりんぬ's コメント

辛い経験をした彼らが、実はどこかで幸せに暮らしていたかもしれない、という希望を持ちたいですが、DNA検査で吹っ飛びましたね（悲）現実は残酷です。

ヤバすぎる王の私生活と彼の愛した謎の集団とは？

かつてヨーロッパには、現在のドイツ《ドイツ》北東部からポーランドの西部にかけてプロイセン王国という国がありました。この国はドイツ騎士団を起源とし、プロイセン公国を経てプロイセン王国となりました。その中心に君臨していたのがフリードリヒ・ヴィルヘルム1世［1688〜1740］です。彼は異常なほどに気性が荒い人物で、ちょっとしたことで部下はおろか、通行人も杖で殴りつけ、時折使用人に向かって発砲までしたと言われています。廷臣たちから媚びへつらわれるのが大嫌いで、汚いジョーク、酒、そしてタバコを愛していました。**上司だったらまさに悪夢のような人物**です。

また、フリードリヒ・ヴィルヘルム1世は脳みそまで筋肉でできているような思考より行動的な性格の持ち主でもありました。学者よりも兵士を好み、彼の座右の銘は「**全ての学識ある人間は愚か者**」という言葉でした。知識を重んじず、本を読んでいる息子を見ると怒りを覚え、それを取り上げて焼き捨てるほどだったとか。さらに、彼は息子のなよなよした性格に腹を立て、**「お前そんなんで将来の王になれると思うのか？　酒とタバコを嗜め」**と強要し、お気に入りの粗野な廷臣たちと付き合うように命じました。また、毎朝大砲を鳴らして息子を起こしたり、公衆の面前で彼を殴るなど、その荒々しい振る舞いは有名でした。ちなみに、この過酷すぎる生活に耐えきれず、息子は逃亡を企てたこともありました。しかし捕らえられ独房に入れられ、一緒に逃げようと協力した親友が斬首されるのを見届ける、という地獄のような体験を強いられています……。

そんな国王の乱暴な性格は政治にも反映され、プロイセン王国は軍事強国へと急成長しました。国家予算の大部分が軍事費に充てられ、兵士の数を4万人から8万人に増加し、装備や訓練にも力が注がれました。さらに、フリードリヒ・ヴィルヘルム1世自らが財政を厳しく監督し、絶対王政下で国家収入は飛躍的に増加しました。人間性にはかなり問題がありますが、経済と軍事に関してはとても優秀なリーダーだったので

す。プロイセン王国はヨーロッパ有数の軍事国家としての地位を確立し、国王は「**兵隊王**」としても知られるようになりました。

そんな軍事大好き王、フリードリヒ・ヴィルヘルム1世の下には、世にも珍しい**ポツダム・ジャイアンツ**（Potsdam Giants：「巨人軍」の意）と呼ばれる精鋭部隊が存在していました。そこに所属する兵士たちの唯一の条件……それは身長180cm以上であることでした。おまけに身長をより高く見せるために、高さおよそ50cmの帽子を被っていました。国王は、この背の高い男たちから成るポツダム・ジャイアンツを愛しており、彼らを自ら鞭で厳しく教育しました。興味深いことに、**彼らの給与は身長に応じて高く設定**されており、また王のお気に入りだったため、最高の食事が提供され、快適な宿舎で暮らすことができました。国王は「世界で最も美しい少女や女性には興味ないんだが、長身の兵士だけは私の弱点なんだよね」と発言しています。王が病気になった時には、**軍のメンバーは部屋の中を行進して、王の気分をアゲる**ことが命じられました。どれだけでかい男が好きだったのかが理解できますね。

巨人軍の兵士たちは、自ら志願してやってきた者もいましたが、恐ろしいことに、ヨーロッパ各地から誘拐されたり、売られてきた者も少なくありませんでした。例えば、アイルランド出身のジェームズ・カークランドという210cm超えの男性は、イギリスで捕まりプロイセン行きの船に乗せられ、そのままポツダム・ジャイアンツに入隊させられてしまいました。また、ロシア皇帝のピョートル1世［1672～1725］はフリードリヒ・ヴィルヘルム1世の趣味嗜好をよく理解しており、両国の軍事同盟、関係強化のために1718年に190㎝以上の長身**の男およそ50人をプレゼント**しています。男たちは盛大な式典で〝譲渡〟されたそうです。フリードリヒ・ヴィルヘルム1世は喜び、ピョートル1世に豪華絢爛な琥珀でできたインテリアを贈りました。味をしめたロシアは、「これからもうちの国と仲良くしてください」と大男たちを贈り続けたそうです。

1740年にフリードリヒ・ヴィルヘルム1世が亡くなった時、彼の愛した軍のメンバーは数千人に達していました。しかし彼の後を継いだ息子のフリードリヒ2世は、「この集団は莫大な費用がかかりすぎる」と考え、ポツダム・ジャイアンツを「巨人大隊」と改編します。そして19世紀初頭にナポレオン軍に敗れたことを機に解隊、こうして世にも珍しい大男の軍隊は幕を閉じることとなったのでした。

まりんぬ's コメント

兵隊王はジャイアンツのほかにも様々な軍隊をつくったそう。本当に脳筋ですね。誘拐されてやって来た大男たちは、王を励ましながら「自分は一体今、何をしているんだろう」と思ったでしょうね。

イギリス

ろくでなし王子様の最悪なロイヤルウエディング

英国王室の不幸な結婚といえば、ダイアナ妃とチャールズ皇太子（当時）が記憶に新しいですが、およそ2世紀前にも壮絶なカップルが存在していました。彼らの結婚は、まさに最悪として語り継がれています。

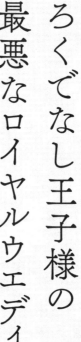

イギリスのジョージ王子［1762〜1830］はイギリス国王ジョージ3世［1738〜1820］の息子であり、15人の子供の中の長男でした。ジョージは賢く、芸術を愛し、さまざまな言語を自由に話しました。また、礼儀正しく美しい王子でした。

けれどジョージには重大な欠点がありました。彼は稀代の女たらしで、抜群に金遣いも荒く、国民を絶望させる存在だったのです。ジョージは18歳で家を出て別邸に住み、贅沢な芸術品を買い漁り、大量の酒を飲み、女性を次々と手に入れました。彼にとっては、国の政治よりも、**コートの着こなしや首飾りの結び方のほうが重要**でした。さらに借金を重ねた結果、王子の懐は深刻な状態に陥りました。そのため議会に対して「今後は借金をしません」と約束をすることを迫られました。しかし、この約束は見事に裏切られ、1795年までには現在の価値で**100億円以上の借金**を負ったそう。まさに、とんでもない放蕩息子だったのです。

遊び人としての生活を送っていたジョージでしたが、ある時運命の女性と出会います。それは社交界で有名な未亡人、美しいマリアでした。ジョージは彼女に一目惚れし、秘密で結婚式を挙げるほど愛し合いました。しかしこの結婚式は国王の同意が得られていないため、まったく意味はなく法的にも無効でした。さらにジョージはマリアを深く愛しながらも、他の多くの女性と浮気を続けました。

厳格な父であるジョージ3世は息子にヨーロッパの王女との結婚を強く求めていました。ところが「**結婚？　あほらしい。それより遊ぶぜ！**」と、ジョージは全く結婚する気がありません。父親はこんな放蕩息子のことを、激しく軽蔑していました。そこで、彼にある提案を持ちかけました。それは結婚をすれば、彼の莫大な借金がチャラになる！　というものでした。返すアテもなかったので、ジョージは渋々結婚することを決意します。

1795年、ジョージは花嫁候補の女性であるキャロラインに初めて会いました。ところが、彼は彼女の外見や態度に絶望しました。キャロラインは、背が低く太っていて、礼儀知らずでした。さらに、下着もほとんど替えない無頓着な汚ギャルだったのです。彼女からは悪臭が漂っていました。キャロラインにハグをした後に、ジョージは真顔で部屋の隅に行き、「申し訳ないが、ちょっと体調が悪いようだ。ブランデーを1杯持ってきてくれないか?」と召使いに頼みました。キャロラインも空気を一切読まずに「彼って絵で見たより太ってるわね!?」と言い放ちます。

「俺は本当にあの女と結婚するのか……?」結婚式当日まで、ジョージは深酒を続けました。そしてロイヤルウエディングの華やかな日にもかかわらず、彼は酔い潰れて立つことがやっとという状態で臨んだのです。誓いの言葉の後に、**ジョージは泣き出してしまいました**。その後は疲れ果てて倒れ込むように寝てしまったので、キャロラインは一人で寂しく初夜を過ごしました。

しかし、それから彼らは王族としての責務を果たすために子作りに励み、9ヶ月後には一人娘のシャーロットが誕生します。「やれやれ、もう役目は果たした!」と、新婚の二人はすぐに別居。その後、ジョージは離婚しようと試みますが失敗に終わっています。唯一の子供であるシャーロット王女は、1817年に21歳で亡くなってしまい、二人の仲はさらに険悪になりました。

さて、1820年に先代の国王が亡くなり、ジョージはイギリス国王ジョージ4世として即位しました。戴冠式の日には、センスが良くおしゃれなジョージは、**1万2000個以上のダイヤモンドをあしらった特注の王冠**を身につけバチッとキメました。ただ、不摂生がたたり巨漢だったので、19枚以上のハンカチで汗を拭い続ける必要がありましたが……。そしてジョージ4世は大嫌いだったキャロライン王妃を戴冠式から締め出し、出席させませんでした。会場に駆けつけたキャロラインは、「私は王妃なのよ！」と悲痛な叫びをあげましたが、相手にされませんでした。彼女は失意のまま会場を後にしました。そして可哀想なことに、その数週間後にキャロラインは亡くなってしまいます。死因はいまだによく分かっておらず、毒殺されたという説もあります。

1830年、ジョージ4世はウィンザー城でひっそりと亡くなりました。晩年は引きこもりながらも、かつての恋人マリアと文通を続けていました。そして埋葬される際に、彼の指示でその首には

あるネックレスがかけられました。なんとそれは、マリアの小さな絵が入ったロケットペンダントでした。

なお、ジョージ4世の後は弟のウィリアム4世が国王となりました。さらに1837年にウィリアム4世が死去すると、姪のヴィクトリアが女王となります。この人物こそ、即位後63年以上にわたって治世し、大英帝国に繁栄をもたらしたヴィクトリア女王です。

嫌い合っていたジョージとキャロライン。こうして誰も幸せにならなかった結婚は、愚王と愚王妃の有名な話として後世に伝えられ、語り継がれることになりました。

まりんぬ's コメント

それから200年後の2017年。マリアの子孫が、ジョージが持っていたネックレスと対になる、ジョージの絵が入ったロケットペンダントをオークションに出しました！

イギリス

性欲強め女王が未亡人になった結果

イギリスのヴィクトリア女王［1819～1901］は**とても性欲が強かった**と伝わっています。ヴィクトリアは18歳でイギリス女王に即位し、その後63年にわたってその地位に君臨し、史上2番目に在位期間の長い英国君主です。ちなみに最長在位記録は2022年に死去したエリザベス2世が持っています。

夫のアルバート公［1819～1861］との初夜については「最愛のアルバートは、私のそばにあった足台に座り、私に天国みたいな愛を与えてくれました。こんなの初めてだわ。そして私を抱き寄せて、何度も何度もキスをしたの。人生で一番幸せな日だったわ」と日記に書き記しています。足台に座って一体何をしたのか……？　非常に意味深な日記ですね。また「白いズボンを穿いたアルバートが、その下には何も穿いていない。とてもハンサムに見えた」と書いたこともありました。また、イギリスのワイト島にある彼らの離宮には特別なボタンがあり、それを押すとドアがロックされ、2人の楽しいセクシータイムが給仕人に邪魔されないようになっていた、という噂も存在しています。

この結果、夫婦は9人の子供に恵まれました。しかし、ヴィクトリアは妊娠することや、子供が好きだったわけではありません。「醜い赤ん坊は厄介な物体だ」と日記に書いたり、母乳を与えることには嫌悪感を抱いていました。そして「妊娠を防ぐために性行為を控えてくださ い」と医師から言われた際には「**ええ⁉ もう楽しめないってこと⁉**」と、動揺したのだとか。

そんな仲良し夫婦でしたが、アルバート公は1861年に腸チフスによって42歳の若さで亡くなってしまいました。ヴィクトリア女王は夫の死にショックを受け、その後40年もの間喪に服したのでした。

しかしながら、その後の女王の人生には二人の親密な男性が現れたのです。

アルバートの死後、ヴィクトリア女王はジョン・ブラウンという使用人との関係が親密になり、その関係は一線を越えているのではないかと物議を醸しました。ヴィクトリアは気分屋で、突然怒り出す性格であったため、使用人たちはいつも緊張し、彼女の気分に合わせて対応しなければなりませんでした。しかし、ジョンだけは彼女に対して軽口を叩くことができました。彼はお世辞を言わず、ストレートな態度で接することができる男だったため、ヴィクトリアは「何よ……でもこんなの初めて。面白い男ね！」と、彼の個性を新鮮で面白いと感じていました。

ヴィクトリア女王が体調を崩すと、ジョンは彼女をベッドから持ち上げて椅子に座らせることがありました。二人の関係は新聞や雑誌にも取り上げられ、広く知られるようになりました。しかし、1883年にジョンが亡くなります。

興味深いことに、ヴィクトリアは**ジョンから贈られた指輪を亡くなるまでずっと身につけて**いました。さらに、ヴィクトリア女王が亡くなった際には、彼女の生前の指示により、主治医によってジョンの髪と写真が棺の中に納められました。

一方、ヴィクトリア女王の人生にはもう一人の重要な人物が登場します。ジョン・ブラウンが亡くなった後の1887年に、ヴィクトリア女王の元にアブドゥル・カリムというインド人の使用人が派遣されました。この時**アブドゥルは24歳、ヴィクトリアは68歳**。ヴィクトリアはすぐにこのインド人青年を気に入りました。

アブドゥルは女王にウルドゥー語を教え、またヴィクトリアに美味しいカレー

ヴィクトリア女王・63歳の頃の肖像写真（1882年）。

を振る舞いました。ヴィクトリアは特に彼の作るチキンカレーを気に入りました。

その後驚くべきことに、ヴィクトリアは彼に土地や勲章を与え、ヨーロッパを一緒に旅行し、専用の馬車やプレゼントなどを贈るようになったのです。またアブドゥルの肖像画まで発注しました。この異様な特別扱いは、二人の関係が使用人とその主人の関係を越えていたことを意味します。そして、時が経つにつれ、女王にとってアブドゥルの存在と影響力はさらに増していき、王室メンバーや使用人たちはそれをかなり不快に感じていました。

1901年に女王が亡くなると、ヴィクトリアの子供たちはアブドゥルとヴィクトリアの間で交わされた**手紙を全て燃やして**しまいました。また、ヴィクトリアの日記からこのインド人に関する記述を全て消しました。王室は、彼の存在を抹消したかったのです。そしてアブドゥル・カリムは直ちにインドに帰るよう指示されたのでした。

まりんぬ's
\コメント/

ヴィクトリア女王は気難しく、家族さえも距離を置くことがありました。彼ら二人は彼女の孤独や悲しみを癒す存在だったことは確かですね。

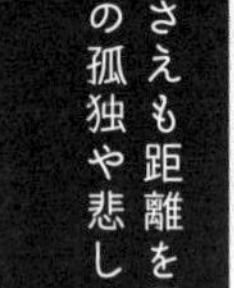

フランス

英雄を翻弄した女 そして恥ずかしいラブレター

その日、ナポレオン・ボナパルト［1769～1821］は嫉妬に狂って手紙を書いていました。

「僕は君を1日でも愛さずにはいられないし、君をこの腕で抱かなければ夜も眠れない。でも……ねぇ、どうして23日と26日の手紙は僕のことをそっけない呼び方で呼んだの？ なんでそんな手紙を書いたの？ **どれだけ冷たいんだ君は……**。そもそも僕に手紙を寄こさない日には一体何をしているんだよ？ **僕のこと愛してないの⁉**」

愛の言葉から始まったのにもかかわらず、突然猜疑心に駆られている様子ですが、この手紙の宛先は妻のジョセフィーヌ［1763～1814］でした。

英雄ナポレオン。彼はコルシカ島の裕福ではない貴族の家に生まれましたが、その軍事的な才能により人気を博し、**後にフランス皇帝**となりました。彼は軍事の天才であり、彼曰く、生涯で40回以上の戦闘に参加し、一度も負けたことがないと言われています（実際は数回負けています）。その優れた将軍としての能力は、なんと現代の軍事教育でも参考にされているとか。

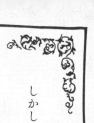

しかし、そんな英雄も私生活では一人の女性に翻弄されていたのです。

ナポレオンと出会った時、ジョセフィーヌは32歳で、彼よりも6歳年上でした。彼女は離婚歴があり浪費家で、当時は**政府の大物の愛人**として華やかな生活を謳歌していました。借金を重ねてまで贅沢な暮らしを求める派手な女性でしたが、同時に大人の魅力も持っていました。田舎育ちの若きナポレオンは、すぐに彼女に夢中になってしまいます。しかし、ナポレオンの実家は「息子よ、そんな年上の遊び人で浪費家の女性でなく、もっと家庭的で勤勉で質素な女性を選びなさい！」とジョセフィーヌとの結婚に反対していました。ごもっともなご意見ですが、人の意見など聞いていられないのが恋なのです！

ジョセフィーヌと結婚した数日後に、ナポレオンは軍の指揮を執るためにイタリアへ遠征しました。それから彼は、ジョセフィーヌに遠征先にくるよう手紙で懇願し続けました。「ねぇ、ここに来てよ！　君の心臓にキス……そしてもっと下の方に……もっと下の方にキス！」「今まで僕は君のことを愛していると思っていたよ。でも今、君と離れてみて……その1000倍愛していることに気がついたんだよね！」と、遠方で一人舞い上がり、エロの欲望や爆発しそうな愛を手紙にしたためました。

しかしその頃パリにいたジョセフィーヌは、**ご機嫌で浮気に励んで**いました。そんなことも知らずに、ナポレオンは遠征先で一人燃え上がっていたのです。「ジョセフィーヌの着替えを手伝いたい。小さなしっかりとした白い胸！　超カワイイ顔！」淫靡な手紙ですね。しかし、あまりにも返事がこないので、やがてナポレオンは嫉妬心を爆発させ「お前を憎んでいる。お前はマジで役立たずで、優雅とはほど遠く、無粋でつまらない人間」と、妻を侮辱しだします。

結婚して3年目、ナポレオンはエジプト遠征に出かけました。この時も妻についてくるよう頼みましたが、叶いませんでした。その後ジョセフィーヌはパリでイケメンと出歩く姿が頻繁に目撃されるようになり、その情報はナポレオンの耳にも入ってしまいます。そこで、彼はどうしたのか？　腹いせに、**自分も愛人を作ることにした**のです。

エジプト遠征中、現地の女性にはなかなか心奪われなかったナポレオンですが、自身の部下の妻であるポーリーヌに夢中になってしまいました。部下の妻を選んでしまう彼の倫理観には疑

問が湧きますが、彼はポーリーヌに対してプレゼント作戦を開始。しかし、彼女はその誘惑に抵抗し続けました。

ところがそこで諦めないのが、ナポレオン。その**天才的な軍人の頭脳を使って策略を巡らせ**ました。まずポーリーヌの夫をフランスに帰国させてから、女性たちを招待してランチ会を開催したのです。そして、わざと水をポーリーヌのドレスにこぼし、「おっと！　手が滑ったぞ！」と小芝居をします。「大変だ、服が濡れてしまった。私の部屋に来なさい！」と彼女を私室に連れ込み、二人だけの妖しい男女の時間を過ごすことに成功したのです。この一件からポーリーヌはナポレオンの愛人になりました。

その後、ナポレオンの生涯には多くの女性が現れましたが、ジョセフィーヌとの離婚後に再婚した19歳のマリー・ルイーゼにぞっこんだったようで、浮気の虫は影をひそめたようです。ただ、ナポレオンの最期の言葉が「フランス、陸軍、陸軍総帥、ジョセフィーヌ」、ジョセフィーヌの最期の言葉が「ボナパルト、ローマ王、エルバ島」だったことを考えると、共に忘れることができない存在だったのではないでしょうか？

まりんぬ's
コメント

2007年に、ナポレオンがジョセフィーヌと口論したあとに仲直りを試みた手紙が発見され、オークションにかけられ、なんと27万6000ポンド（およそ5000万円）で落札されました。英雄はすごい！

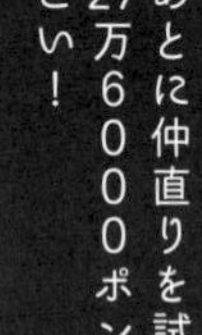

コラム❶

ヨーロッパ王室家系図

本書に出てくる主な王家の人物たちですが、
国境を越えて複雑に絡み合っているのがわかります。
敵と味方が実は親戚、あの人物とあの人物が叔父と姪など
実は意外なところでつながりがあることも!?

イギリス・フランス

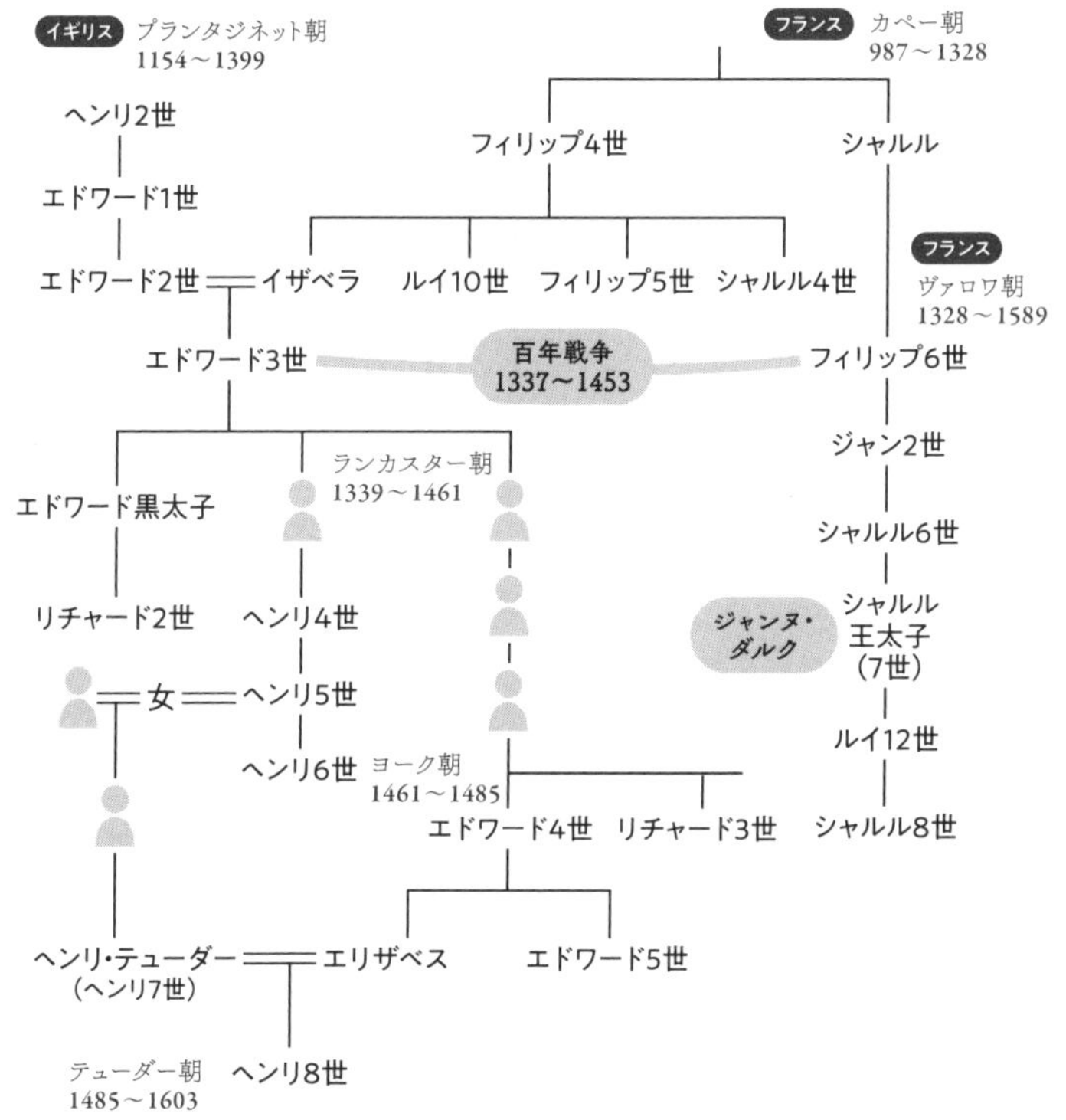

フランス・スペイン・オーストリア

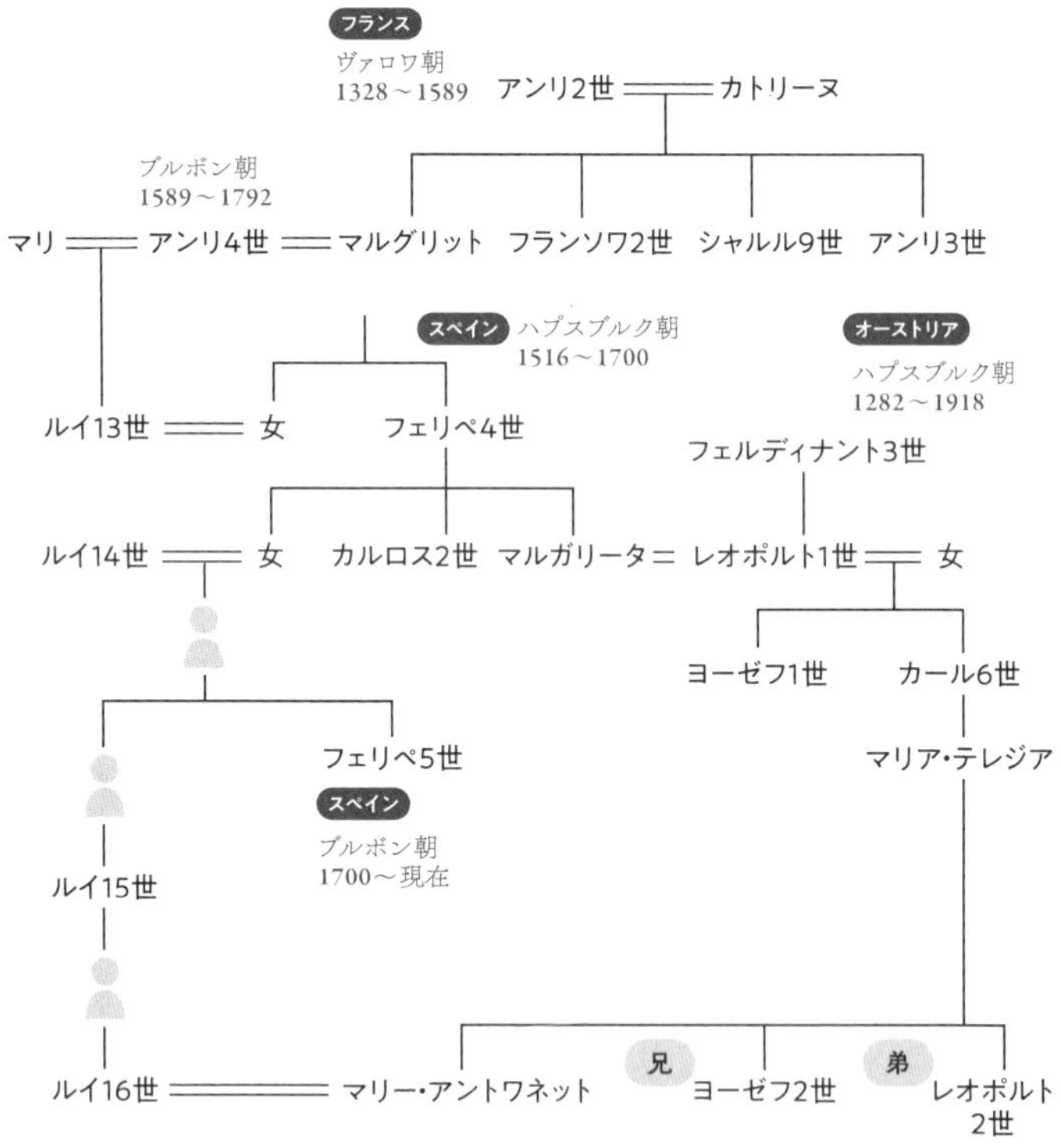
フランス
ヴァロワ朝
1328～1589
アンリ2世
カトリーヌ
ブルボン朝
1589～1792
マリ
アンリ4世
マルグリット
フランソワ2世
シャルル9世
アンリ3世
スペイン
ハプスブルク朝
1516～1700
オーストリア
ハプスブルク朝
1282～1918
ルイ13世
女
フェリペ4世
フェルディナント3世
ルイ14世
女
カルロス2世
マルガリータ
レオポルト1世
女
ヨーゼフ1世
カール6世
フェリペ5世
マリア・テレジア
スペイン
ブルボン朝
1700～現在
ルイ15世
ルイ16世
マリー・アントワネット
兄
ヨーゼフ2世
弟
レオポルト2世

イギリス・スペイン・オーストリア

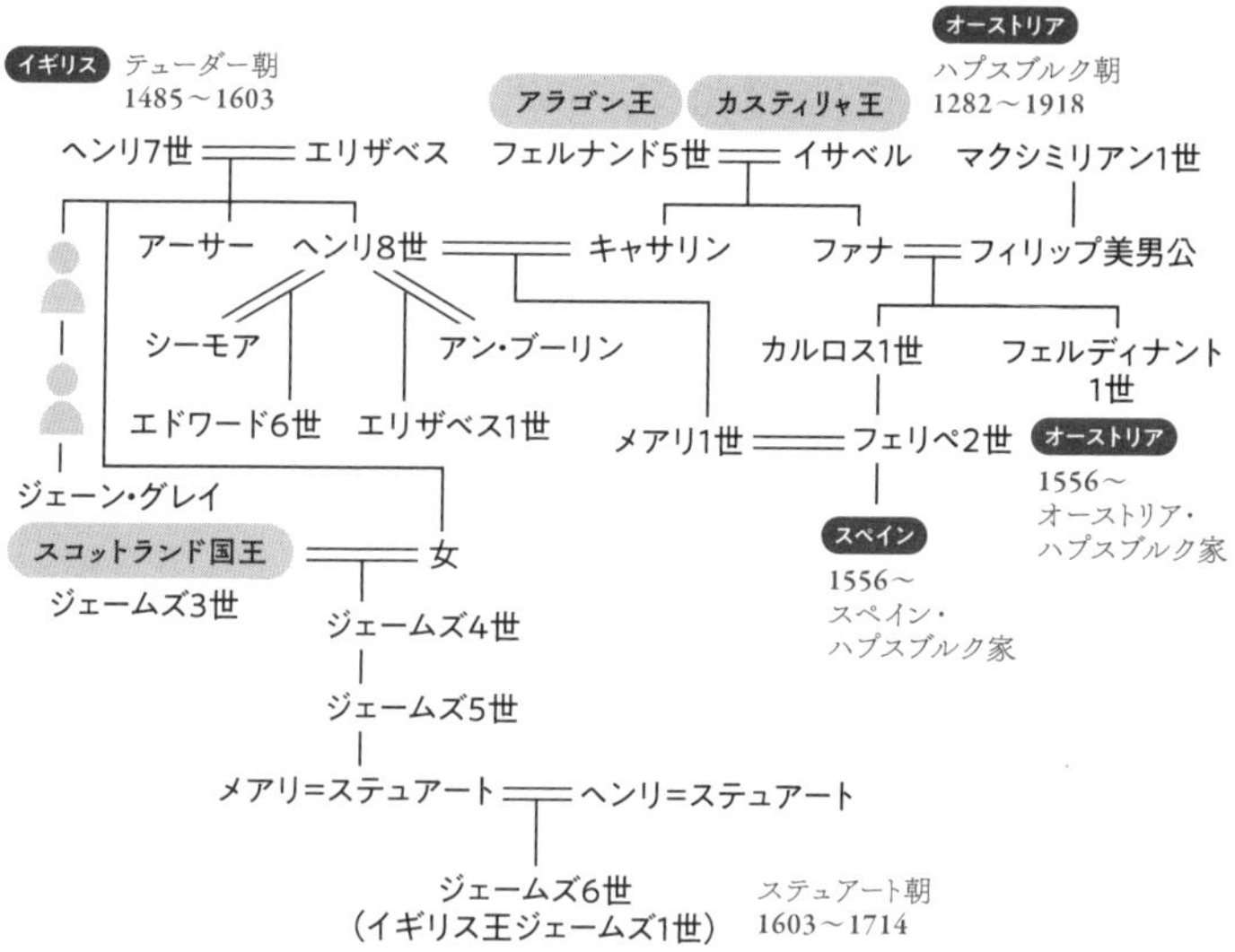
イギリス
テューダー朝
1485～1603
ヘンリ7世
エリザベス
アーサー
ヘンリ8世
シーモア
アン・ブーリン
エドワード6世
エリザベス1世
ジェーン・グレイ
女
スコットランド国王
ジェームズ3世
ジェームズ4世
ジェームズ5世
メアリ=ステュアート
ヘンリ=ステュアート
ジェームズ6世
（イギリス王ジェームズ1世）
ステュアート朝
1603～1714
アラゴン王
カスティリャ王
フェルナンド5世
イサベル
キャサリン
ファナ
メアリ1世
オーストリア
ハプスブルク朝
1282～1918
マクシミリアン1世
フィリップ美男公
カルロス1世
フェルディナント1世
フェリペ2世
オーストリア
1556～
オーストリア・ハプスブルク家
スペイン
1556～
スペイン・ハプスブルク家

イギリス・ドイツ・オランダ

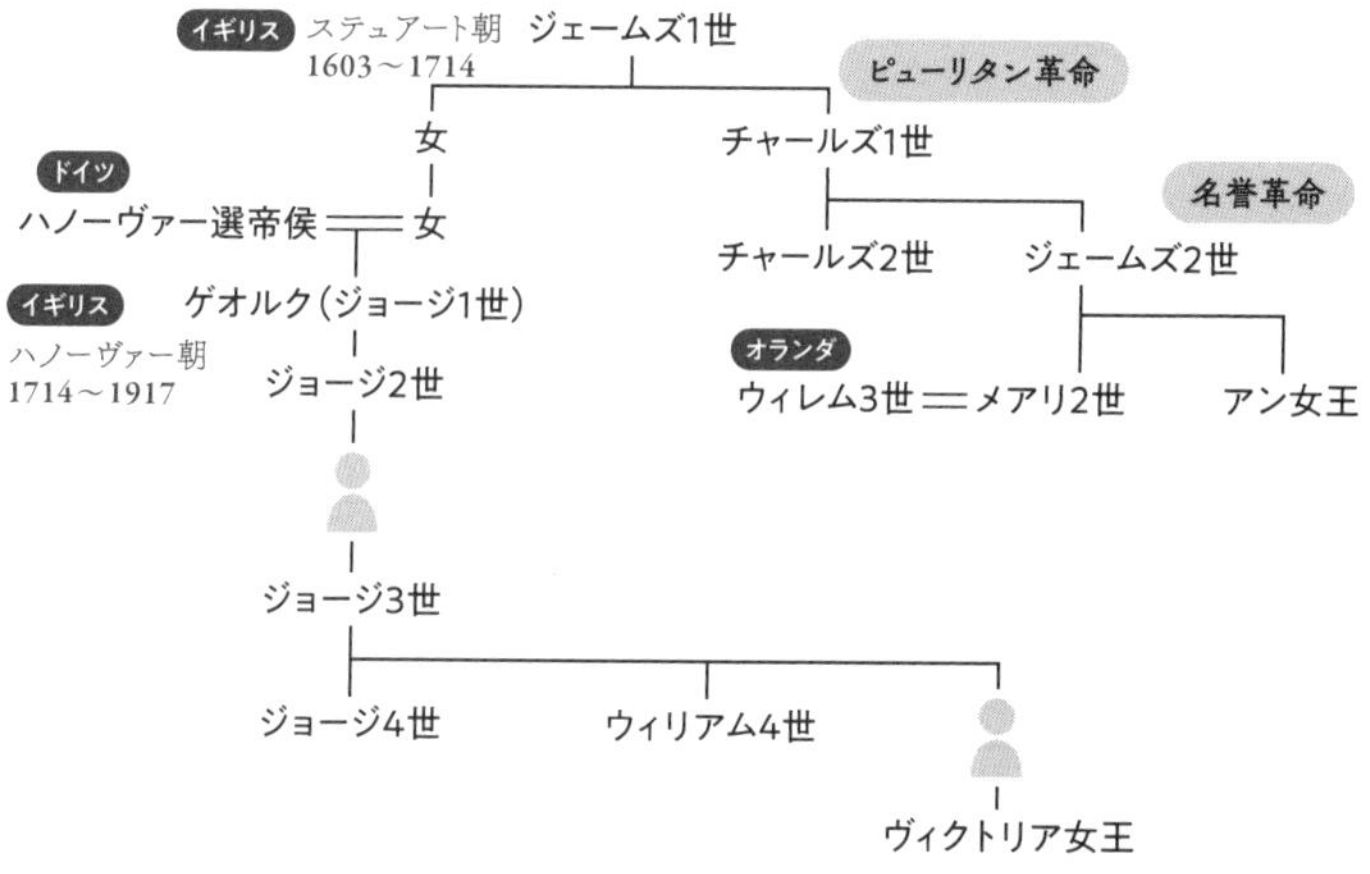
イギリス
ステュアート朝
1603～1714
ジェームズ1世
ピューリタン革命
女
チャールズ1世
ドイツ
ハノーヴァー選帝侯
女
名誉革命
チャールズ2世
ジェームズ2世
イギリス
ゲオルク（ジョージ1世）
ハノーヴァー朝
1714～1917
ジョージ2世
オランダ
ウィレム3世
メアリ2世
アン女王
ジョージ3世
ジョージ4世
ウィリアム4世
ヴィクトリア女王

コラム❷

このころの日本のおもな出来事

中世編（476–1453年）

476年

1000年頃　後宮文学の誕生

平安時代の後宮では、天皇にふさわしい妻になるため、歴代の中宮（天皇の正妻）たちが家庭教師を雇って教養を身につけた。『枕草子』の作者・清少納言、『源氏物語』の作者・紫式部もそれぞれ優秀な家庭教師として各中宮に仕え、優れた作品を生み出した。

12世紀頃　絵巻物の流行

白河院の院政時代、仏教の経典などから派生した絵巻物が流行。カラーで描かれた『源氏物語絵巻』、現代の漫画の始まりとも言われている『鳥獣戯画』など、多くの作品が生み出された。

1185年　平家の隆盛と滅亡

数々の伝説や物語として伝えられている源平合戦。清盛の死後も合戦は激しさを増し、源義経に追い詰められた平家は壇ノ浦の戦いで安徳天皇の入水とともに滅亡。

1274年　文永の役

1281年の弘安の役とあわせて「蒙古襲来（元寇）」とも。モンゴル帝国と高麗の連合軍が、対馬に攻め込んできたため、応戦。どちらも神風（台風）が吹き、日本軍が勝利した。

1333年　鎌倉幕府滅亡

源頼朝により1180年代に鎌倉に幕府の原型が築かれ、武士の時代が訪れた。文芸や絵画、仏教も発展したが、足利尊（高）氏らによって滅亡に追い込まれた。

1400年頃　世阿弥『風姿花伝』成立

室町時代、庶民文化の発展が目覚ましく、大衆芸能として観阿弥と世阿弥が能を確立。世阿弥が亡父・観阿弥の教えを基にした能の理論書『風姿花伝』を著した。また龍安寺の石庭に代表される枯山水や、雪舟流・狩野派といった日本画も盛んに。

1453年

あぁ幻の理想郷
ジパング

第2章 貴族の話

15世紀に現れ、悪徳の限りを尽くした一家、
身の毛もよだつシリアルキラーたち、
着ると必ず死ぬ？　危険すぎる美しいドレスの正体とは……？
貴族たちの驚きの素顔を覗いてみましょう。

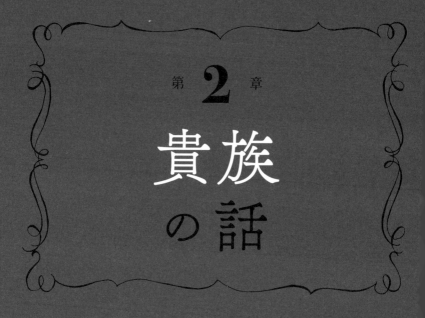

フランス

国民的英雄は人間のふりをした悪魔

百年戦争は、フランスとイギリスの間で1339年から1453年まで続いた激しい戦争でした。フランスは劣勢、これはイギリスが勝つだろう……そんな空気が漂っていたところに登場したのが、**フランスのジャンヌ・ダルク**［1412～1431］でした。イギリス軍はフランス中部のオルレアンに攻撃を仕掛けますが、ジャンヌはフランス軍の士気を高め、それに果敢に挑みました。そんなジャンヌの右腕として軍を指揮したのがジル・ド・レ［1404～1440］という騎士です。気性が荒く恐れを知らないジルは、戦場で頼もしい存在でした。彼らは勇敢に戦い抜き、イギリス軍に包囲されていたオルレアンの解放に成功、それに続いて各地でイギリス軍を撃破し、戦争の終結に貢献しました。1429年にフランス王シャルル7世の戴冠式に出席した際、ジルはフランス軍の元帥にも任命され、名実ともに、フランスの英雄となりました。しかしこの男……その正体は**人間の顔をした悪魔**だったのです。

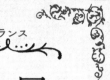

ジルはその後もジャンヌと行動を共にします。彼女の成功には、ジルの存在が不可欠でした。ところが1431年、ジャンヌは捕えられ、異端の魔女として火炙りの刑に処せられ、19歳でその短い生涯を終えてしまうのです。ジルは打ちひしがれ、その後、戦場から身を引き、隠遁生活を送るようになりました。

ジルは莫大な富を持つフランス貴族出身で、国内でも指折りの金持ちでした。1433年には、自身の城の近くに礼拝堂をポンと建てています。そこには30人のスタッフが常駐し、金の装飾品で埋め尽くされていました。また、普段から美術品や家具なども買い漁り、お金を湯水のように使いました。止まらない浪費の結果、ジルの経済状況は破綻寸前になってしまいました。そこでジルは「そうだ、黒魔術で失った金を取り戻そう！」と、**オカルトに走った**のです。黒魔術の儀式でサタンを呼び出し、その秘密の力を使って富を回復しようと計画しました。また、富だけではなく権力も手に入れようと考えており、腕が立つ黒魔術師を探し求めたのです。

そこで紹介されたのが、フランソワ・プ

ジル・ド・レの肖像。はじめはジャンヌ・ダルクの監視をする立場だった。

王家・皇帝
貴族
庶民

レラティという男です。フランソワは黒魔術の専門家であり、イケメンで語学堪能、知的で賢い人物でした。ジルは一目見た途端、彼に魅了されます。フランソワの持つ黒魔術の知識に深い興味を抱き、その世界へとのめり込んでいきました。

ところで、いかにも胡散臭い黒魔術の儀式なのですが、一体どのような形式で行われていたのでしょうか？　この儀式は魔法陣を描いたり、呪文を唱えたり、蛇や星などのさまざまなシンボル、また黒猫や鏡や石炭などの道具を使用しました。また、恐ろしいことに、血や生贄を使うこともありました。血は生命の象徴であり、血を使うことにより、悪魔との繋がりが強められると信じられていたのです。そして悪魔を召喚し、その力を利用するという目論見です。もちろん悪魔は現れませんが……。

悪魔を召喚しようと、黒魔術に励んでいたジル。やがて、彼の住む村でこんな噂が流れるようになりました。「**ジル・ド・レの城の周りで、子供たちが行方不明になっている。どうやらジル・ド・レと、彼の雇っている使用人が関係しているらしい……**」と。この時すでに100人以上の子供たちが、行方知れずになっていました。

1440年、ジルの悪行がついに明るみに出ることとなりました。事件の発端は、土地をめぐる問題でジルが聖職者を誘拐したことでした。この行為が教会の怒りを買い、調査が開始されることになったのです。やがて調査が進むうちに、ジルの恐ろしい裏の顔が次々と明らかになっていきました。まず、彼は農民の少年たちを雇うという名目で、彼らを誘い出していました。また、彼の使用人が子供たちを誘拐してくることもありました。ジルは誘拐した少年たちに性的虐待を行い、喉を切ったり、棒で叩いて殺害していました。黒魔術師に「**悪魔に子供を捧げれば失った富を取り戻せる**」と吹き込まれたのか、ジルはついに殺人に手を染めたのです。

かつての英雄が陥ったおぞましい行為に、国中が震撼しました。彼の使用人たちはジルに協力し、子供たちの遺体を処理して犯罪を隠蔽していました。ジャンヌ亡き後、かつての国の英雄は**シリアルキラーのサディスト**に変貌してしまったのです。

その後ジルやその取り巻きは逮捕され、100人以上の子供の殺害、異端などさまざまな罪で裁判にかけられました。ジルには最終的に火炙り刑と絞首刑が同時に宣告され、1440年に刑が執行されました。

まりんぬ's コメント

ジルは後にフランスの詩人・ペローが執筆した童話『青ひげ』のモデルとなったと言われています。身の毛もよだつお話なので、気になる方はぜひご一読を。

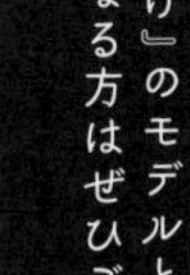

王家・皇帝
貴族
庶民

イタリア

全然神聖じゃない！ 史上最悪のローマ教皇一家とは？

ローマ教皇は、カトリック教会の最高指導者として模範となるべき存在です。しかし、かつてボルジア家というとんでもなくふしだらな一家が、その知力と謀略で教皇の座を思うがままにしていた時代がありました。彼らは近親相姦や暗殺、そして極め付けには「栗の宴」という**乱交パーティー**を開いたことで悪名高くなりました。

ボルジア家とはスペインに由来する家名を持ち、15、16世紀にイタリアで繁栄した貴族です。この一家の堕落ぶりは、当時の教皇ピウス2世［1405～1464］が苦言を呈したほどでした。1460年にピウス2世が書いた、ボルジア家のロドリゴ・ボルジア［1431～1503］に宛てた手紙では、「何時間も女性と奔放な乱交パーティーを楽しんだようですね。よりによって、あなたがこれを主導していた！　このような行為は、私たち聖職者の地位を貶めるものであり、大変不快です。あなたのせいで、あなたを要職に選んだ私たちが非難されるのですよ」と、ボルジア家の不品行について痛烈に批判しています。あいにくピウス2世の思いは、彼に伝わることはありませんでした。

事の始まりは1455年。スペインのボルジア家出身のカリストゥス3世がボルジア家としては初代となるローマ教皇に就任します。さらにピウス2世を経て1492年にはカリストゥス3世の甥であり、乱交パーティーの幹事だったロドリゴが賄賂をばらまき、アレクサンデル6世として教皇に就任。ますます堕落した生活を送りました。

1501年に開かれた「栗の宴」は、ボルジア家の堕落の象徴とされています。この宴会には教皇の側近のほか、**高級娼婦が50人**も招待客の中に含まれていました。料理にワイン、音楽とダンス……。そして床に栗をまき、魅惑的な踊りを始めた裸の女性たちが、四つん這いになって栗を口で拾い続ける、というかなり癖の強い**エロティックなゲーム**が行われました。さらに、最も多く女性たちとのセックスができた参加者には賞品が贈られたと言われています。この罪深いパーティーの様子は、宴会を設営していたヨハンという男が書いた日記に詳細が記されています。一部の歴史家たちはこの栗の宴の存在を否定していますが、消し去りたい過去であることは事実でしょう。

さて、腐敗した教皇アレクサンデル6世は、愛人を持ち多くの子供を作りました。愛人との間に生まれた子供たちの中で最も悪名高いのが、チェーザレ・ボルジア［1475〜1507］とルクレツィア［1480〜1519］です。二人はその美貌と知性、そして残忍さで、当時のローマ社交界を騒がせました。

政治思想家のマキァヴェリは『君主論』で「君主はライオンのような力とキツネのような狡猾さが必要」と説き、チェーザレを君主の模範と称賛しています。確かにチェーザレは軍事的才能を有し、弓矢の練習にも熱心でしたが――こんなエピソードが残っています。ある日、チェーザレは刑務所を訪れます。その目的は弓矢の練習でした。その際、チェーザレは**囚人たちを弓矢の練習の標的**としたそうで、囚人たちは絶望と恐怖に震え上がったと伝えられています。このような行為は、チェーザレの残忍さを示すほんの一例です。1502年、部下たちが反乱を計画していることに気がついたチェーザレは、彼らを椅子に座らせ拘束し、首に巻いたロープをゆっくりと締めて絞殺したのです。このように彼は殺人や贈収賄を繰り返し行ったほか、妹のルクレツィアとの近親相姦の噂も絶えませんでした。当時の人々はチェーザレの行為を非難し、残忍な行為を嘆きましたが教皇の息子とあって権力は絶大。彼の前では何も言えませんでした。

さて、恐れられたチェーザレでしたが、最期は驚くほどあっけないものでした。1507年、彼は**戦場で馬から引きずり下ろされ**、**鎧を剥がされ**、**全身に25ヶ所以上の傷を負って命を落としました**。ボルジア家の一員として生まれ、その存在が誰もが知るところとなり、高位にある者たちからおべっかを使われるような地位にあったチェーザレでしたが、その人生は、彼のことを知らない襲撃者によって無慈悲にも終わりを告げたのです。

一方で、意外にもルクレツィアの人生は比較的幸運なものでした。しかし、彼女の周りでも不穏な事件は絶えませんでした。例えば、ルクレツィアの愛人である召使いの死体が川で発見されたり、彼女が毒の入った指輪を持っており、宴会ではその毒をこっそりと飲み物に混入させるという噂もありました。さらに、出自のはっきりしない男の子がボルジア家に生まれた際には、**近親相姦でルクレツィアが生んだ子**だと噂されました。しかし、1505年に夫が公爵になった後からその評判は変わり始めました。

ルクレツィアは国民のために自分の所有する宝石を売り、防衛資金を調達したり、逮捕された男たちの拷問に反対したりなど、思いやりに溢れる行動を取るように変わっていったのです。次第に彼女の姿を見てもスキャンダラスな噂は立たなくなり、人々は彼女を信頼するようになりました。また、芸術への理解もあり、その発展に貢献しました。彼女の人生は、置かれた環境で人は変わることもあることを証明したのです。

左からチェーザレ、ルクレツィア、アレクサンデル6世。
『チェーザレ・ボルジアと一杯のワイン』ジョン・コリア（1893年）

まりんぬ's
コメント

この時代のスペイン出身の富豪は、殺し、陰謀、裏切りが当たり前の時代でした。皮肉なことに、そんな中で生き抜くための最高の教育が、ボルジア家の家庭教育だったのかもしれませんね。

王家・皇帝
貴族
庶民

ヴェルサイユ宮殿の貴族の衣装は高級車1台分!?

あなたはドレスを着て宮殿で暮らしてみたいと思ったことはありますか？　美しいドレス、ダンスパーティー、そしておとぎ話に出てくるような美しいヨーロピアン調の宮殿！　想像するだけで、夢心地になってしまいますね。

しかし、実際はどうだったのでしょう？　フランス《フランス》国王ルイ14世時代、ヴェルサイユ宮殿には厳格なルールが存在していました。ドレスコード、悲しいほどに狭い貴族の部屋、王と会う際のエチケットなど……興味深い宮殿のリアルな世界の一部をご紹介します。

まず、ヴェルサイユ宮殿には王族だけでなく貴族も居住していました。驚くことに、彼らは**クローゼット程度のとても狭い部屋しか与えられていませんでした。**もちろん自分たちの邸宅での生活の方が快適でしたが、宮殿から離れるわけにはいきません。というのも、これは忠誠を示す試練だったからです。宮殿に住み、指定の服を着て宮殿の行事に参加し、王に頻繁に接触して自己アピールすることが、彼らの出世に直結していました。もしも彼らが宮殿に姿を現さなくなったら、すぐに王は「アイツ最近見ないな、忠誠心が低い！」と判断し、重要な役職には任命しないのです。

エチケットに関しても決まりごとがいろいろありました。例えば晩餐会には、男性は剣を持って行かなければならない、初めて国王に会う際には、女性は**最初と最後に3回ずつお辞儀**をしなければならない、などです。

また、ヴェルサイユ宮殿でのファッションは厳格なルールに縛られており、特に王に会う際の衣装は細かく指定されていました。男性は上質なベルベットや絹のコートを身につけ、女性は刺繍や宝石が施された美しいガウンを身にまとうことが求められました。というわけでマリー・アントワネットは年間300着もの高価なガウンを購

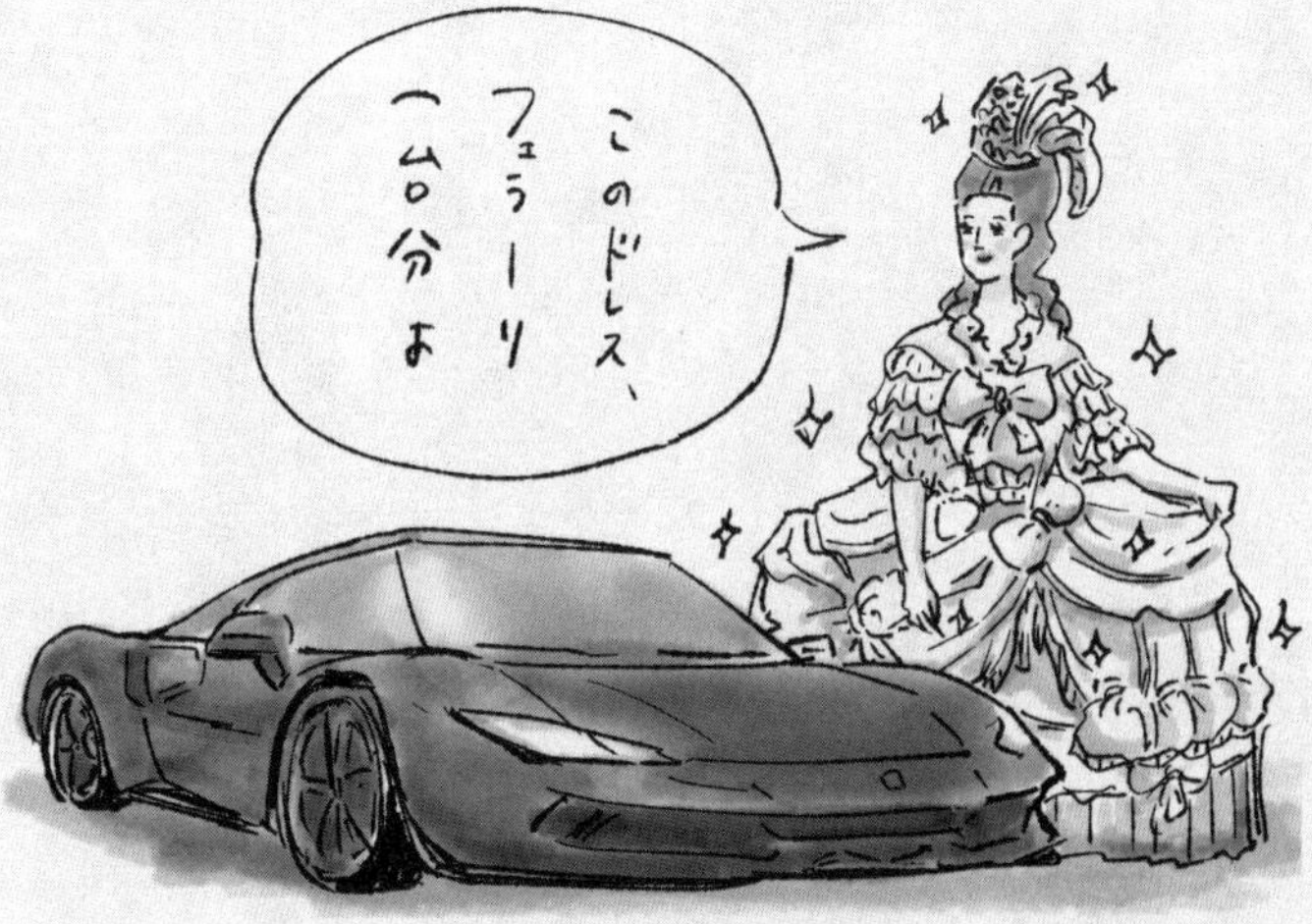

入し、その衣装への予算は現代の価値にして**約5億円**にも及びました。とんでもない額ですが彼女はそれをオーバーして使ってしまうことも少なくなかったとか。さすがですね……。

当時の服は非常に高価でした。現代でいえば、**フェラーリを買うのと同じレベル**です。一握りの富裕な貴族は贅沢に服を何枚も購入することができましたが、ほとんどの貴族にとってはキツイ出費となっていました。しかも宮廷は公式行事ごとに異なる服装を要求し、身なりを整えるために多額の借金を抱え込んでしまう者が続出しました。辛い……。

宮廷でのファッションの流行は常に変化していました。1680年代から1690年代にかけてはフリンジやリボン、三つ編みなどが流行し、1710年代にはドレスのスカートが膨らんだドーム型のフープペチコートが流行りました。

服だけではありません。国王は貴族たちに、全身を超一級品で揃えることを求めました。例えばカツラの形にも流行があり、時代によってボリュームやカール加減が異なります。帽子やカツラ、靴や小物にいたるまで、全てが重要であり、マナーでありステータスの証でした。貴族たちは流行を追いかけ、多額の資産を注いで自分を飾り続けなければなりませんでした。宮廷での美しい衣装の裏には、涙ぐましい努力があったのです。

実は、ルイ14世は貴族たちに全身コーディネートを継続する経済力がないことをよく理解していました。貴族たちに**わざと浪費させ借金漬け**にし、財政をコントロールすることで、自身の権力を確固たるものにしていたのです。

さらに残念なことに、当時の高価な服は清潔に保つのは難しく、洗濯することもできませんでした。高額な服を着回しできるほど持っていない貴族も多かったので、その結果、同じものばかり着ることになり、**衣服からはかなりの悪臭が漂いました。**

ところで1782年、アメリカの政治家であるジョン・アダムズが、パリに旅行する人にこんなアドバイスをしました。

「パリで最初にすべきこと。それは仕立て屋、かつら屋、靴屋を雇うことだ。あの国はファッションを支配しており、パリ以外の場所で作られたものは通用しないのだ」

実はこのように、フランスが唯一無二のファッションの中心地となったのは、国王ルイ14世の戦略によるものでした。彼は他国からの服飾関連の輸入をほとんど禁止しました。そして、絹、刺繍、レース、宝石、香水などあらゆるものの製造を奨励し、品質管理を徹底させました。また当時はスペインの暗い色の服が人気でしたが、それに対抗するために、あえて国王自身がメイド・イン・フランスの明るい色の一級品を身にまとい、国内外にフランスのファッションをアピールしたのです。次第に世界中で、パリの仕立て屋はヨーロッパで最も優れた存在と考えられるようになりました。

まりんぬ's コメント

ちなみにパリには現在でも数百年続く香水店やジュエリー会社があります。長きに渡って脈々と職人の技術が受け継がれ、パリがファッションの中心地として咲き続けてきた歴史を物語っていますよね！

ハンガリー

400年前のシリアルキラー 血の伯爵夫人と陰謀

「最も多くの殺人を犯した女性」として**ギネスブックに認定**されている人物をご存じでしょうか？　その人物は、400年前にハンガリーの貴族として存在したエリザベート・バートリ［1560～1614］です。彼女は600人以上もの若い女性たちを標的にし、残酷な拷問を行い命を奪ったとされています。彼女の退廃的で怪奇なライフスタイル、そしてその驚愕の犯罪内容は、数百年にわたって語り継がれてきました。

この謎に満ちた女性は、ハンガリーの名門バートリ家の出身です。この一家は近親婚を繰り返していたため、疾患などを抱えているものも少なくありませんでした。また、一族の中には犯罪者もいれば、精神障害を持つ者もいたそうです。幼少期のエリザベート自身も、てんかんの発作を何度も起こしていました。

ちなみにこの時代は、高い身分の者が使用人を殴ることは、ほとんど当然のこととされており、エリザベートはそんな暴力溢れる環境で育ちました。彼女が15歳の時、一度怒り狂った従兄弟が農民の耳と鼻を切り取るよう命じ、それが反乱の火種となったこともありました。

1575年、エリザベート・バートリは15歳の若さで、5歳年上の貴族、フェレンツ・ナーダシュディ［1555〜1604］と結婚しました。有力な貴族同士の結婚というだけあり、結婚式には4500人もの招待客が集まりました。

フェレンツは軍人でもあり、捕虜に対する冷酷な扱いから「黒騎士」という異名を持つほどで、私生活もまた同様に暴力的でした。彼は若い女性の体に蜂蜜を塗り「外へ行って虫に刺されてこい！」と命じたり、エリザベート**に使用人に暴力を振るうための爪のついた手袋**を贈ったりしていました。この残忍な夫は、軍の指揮を執るためにしばしば家を留守にしていました。夫が不在の間、エリザベートは家に魔術師を招き、黒魔術に興じていたと言われています。夫に宛てた手紙では「黒い鶏を叩き殺し、その血を敵に塗りつけるといいわよ」などと、怪しげな魔術を教えていました。

エリザベート・バートリ。「血の伯爵夫人」の異名をもつ。

彼女の異常な行為は1585年頃から始まったとされています。召使いの些細なミスを口実に、彼女は針で彼女らを刺したり、指を切り落としたり、裸にして冬の寒さに晒したりしました。1604年に夫が亡くなってからは残虐行為が一層エスカレートし、農民の少女を誘拐し、拷問の末に命を奪うようになりました。

ある日、彼女は拷問後に少女の血を顔につけ、それを洗い流した際に、自分の肌が若々しくなったように感じます。それ以降、彼女は無邪気な少女たちを殺害し、その血を全身に浴びて美しさを保つという恐ろしい行為を繰り返すようになりました。

しかし1610年、エリザベートと彼女の使用人たちはついに逮捕されました。使用人たちは処刑されましたが、エリザベート自身はその高貴な家系により、死刑を免れました。しかし地方政府を牛耳っていた彼女の一族が、エリザベートの処刑で貴族階級全体の地位が揺らぐのを避けるため、彼女は**死ぬまで城の一室に幽閉され**、そこで人知れず生涯を閉じました。

ここまでが長年にわたって語り継がれてきた物語ですが、近年の研究によれば、この400年前の事件には隠された事実があるとの説が浮上しています。

まず、エリザベートが血を浴びて若返りを図ったというエピソードですが、この記録は彼女の死後数十年も経ってから初めて文書化されたものです。17世紀から18世紀にかけて、ルーマニアから東欧全域へと広がった吸血鬼の迷信が、人々を震え上がらせていました。吸血鬼の目撃情報が雑誌や公報に掲載され、死者が吸血鬼に変わるのではないかという恐怖から、遺体に杭を打ち込むという行為まで行われていました。このような社会的な集団ヒステリーが、「血を求める女」というエリザベートの異常なイメージを生み出したのではないかとも考えられています。

さらに、エリザベートが政治的な陰謀の犠牲になったという説も存在します。当時のハンガリーは政治的な対立が絶えず、広大な土地を持つ未亡人であったエリザベートは、ライバルの貴族にとっては目の上のたんこぶでした。加えてエリザベートは医療に深い関心を持ち、助産師を雇い、困窮している人々を治療していました。その過程で行われた瀉血や手術が、後世の誤解を生む一因となった可能性もあります。実際、彼女が逮捕される前日に、動物に噛まれた女性が**エリザベートの治療によって命を救われた**という事実が残されているのです。しかし、その証言が裁判で採用されることはありませんでした。

まりんぬ's コメント

ちなみにエリザベートが暮らしたいわくつきの城、チェイテ城は現在、観光地になっています。なんでもエリザベートと、さらには犠牲になった少女の霊も彷徨っているそう……。

イギリス

貴族の息子たちの豪華なグランドツアー

17世紀から19世紀初めにかけて、イギリスの裕福な貴族の息子たちは、一人前の大人として社会に出る前に行う儀式として「グランドツアー（イタリアではグランツーリスモ）」と称される**長期間の教養旅行**に出かけました。これは、彼らが豊かな知識と洗練された教養を身につけ、自身の社会的地位にふさわしい人間に成長するための旅行でした。

この旅では主にルネサンス芸術、古典文学、そして建築が盛んだったイタリアを中心にヨーロッパ各地を巡りました。17世紀末以降のヨーロッパで行われる戦争はたいていイギリスとフランスが敵対していたので、時期によっては2国間の政治的緊張からフランスを避け、ドイツ経由でイタリアに行くルートが選ばれることもありました。旅行中、彼らは絵画、彫刻、建築といった美術の鑑賞や、政治、哲学、歴史といった学問の研究を行い、そして羽目を外し、いかがわしい遊びも楽しみました。

この**1年から4年にも及ぶ壮大な旅は巨額の費用を必要**としたため、特権階級出身で、経済的に相当余裕がある家の若者たちしか参加できませんでした。貴族の息子たちは、家庭教師や友人たちと一緒に美術館を訪れ、著名な学者から学び、各地の名所や文化遺産を見学するなど、数々の経験を重ねました。

ただし、すべての貴族の息子がグランドツアーに参加したわけではありません。旅に興味がない者や、より実用的なスキルを身につけたい者は軍の士官学校に入学したり、弁護士資格を取得するために法律を学んだりする者もいました。

さて、17世紀、18世紀当時のイタリアは、**流行の最先端**を走っていました。孤立していた島国イギリスから、情熱と活気に満ち溢れたイタリアへと降り立った若者たちは、その洗練されたファッションや文化に瞬時に心を奪われました。美しい建築物が目の前に広がり、古代の遺物、ルネサンス時代の芸術作品が至る所に点在しています。ラテン語やギリシア語の文学も堪能しました。彼らにとって、全てが新鮮で、全てが刺激的だったのです。常に新たな発見

医師のジョン・ムーア博士とその息子ジョンとともに、グランドツアー中の第8代ハミルトン公ダグラスの肖像。

王家・皇帝
貴族
庶民

と興奮に溢れた日々に、イギリスの若者たちは色めき立つこととなりました。

若者たちは、イタリアの洗練されたライフスタイルからファッションや行動様式でも大きな影響を受けました。特に、彼らが心を奪われたのが「**マカロニ**」と呼ばれる流行のスタイルです。

カラフルな服装、巨大なかつらを使用した派手すぎる髪形、洗練されたマナーや会話術など、その影響は多岐にわたりました。これらを取り入れ真似することで、若者たちは自分たちが広い世界を体験したことで成熟し、そして洗練された人間になったことをアピールしました。そしてイタリアから帰国した若者たちが新しいスタイルを両親に披露した時、「**一体何なんだ、その服は？　その話し方は……？**」と、多くのイギリス人の親たちはひどく困惑したのでした。

また、勉強だけではなく、社会についても学びました。例えばヴェネツィアでは、仮面舞踏会やカーニバルなど、非日常を楽しんだほか、賭博場もあり、羽目を外して遊びました。イギリスの作家、ジェイムズ・ボズウェル［1740〜1795］はグランドツアーの経験を詳細に日記に記録しました。彼の記録によれば、イタリアでは情事にふけり、貴族の女性を何度も口説き、また買春を繰り返したそう。その結果、性病に感染し当時の治療薬として使用されていた水銀を飲むことを余儀なくされました。こういったことも含め、グランドツアーは単に知識を増やすための旅ではなく、思いっきり遊び、**大人へと成長するために成熟と経験を得る機会**であったこともわかります。

そして若者たちは絵画や彫刻の鑑賞を心から楽しみました。しかしながらさすが貴族、庶民の旅と一味違っていた点は、その美術品を自分のコレクションとして買い付けることも多かったということです。グランドツアーに参加した若者たちの爆買いは、芸術市場に大きな影響を与えました。彼らの需要に応えるために、多くの芸術家が活動の場を広げ、創作活動を盛んに行うようになりました。また貴族の息子たちは、ローマの遺跡を見て「僕の荘園もこんな建築にしてみよう……！」とインスピレーションを受け、アイデアを持ち帰ったり、旅先で見つけた古美術品で自宅を豪華に飾りつけたりしました。

グランドツアーの終焉は、19世紀初頭の産業革命と共に訪れます。この時代の技術革新、特に**蒸気機関車と蒸気船の登場**により、旅行はもはや特権階級だけのものではなくなったのです。また、大学教育が重視され、若者たちは留学や学術的な追究を通じて教養を深める新しい道を見つけました。それにより、イギリスから始まりヨーロッパやアメリカの若者にまで広がったグランドツアーが果たしていた役割は次第に色褪せ、その重要性を失っていきました。

まりんぬ's
コメント

時は流れ、旅の様子はさらに変わりましたね。今や、お金持ちは宇宙へ旅立つことさえ可能な時代に突入しています。変わることなく残るのは、人々の探求心と冒険の魅力なのです……！

イタリア

人の心をつかむには食べ物！ダークな大食い祭り

かつてヨーロッパでは、王族の結婚式や戦争での勝利など、国の重要な行事を祝う際には農民から王族までが集まって盛大な宴を開いていました。例えば、1520年にフランス王とイングランド王が合同で開催した**金襴の陣**では、現代の価値で25億円に相当する費用をかけて豪華なご馳走やワインを楽しみ、王たちは金の布や宝石をあしらった服を着て権力を誇示し合いました。そんなヨーロッパの祭典の中でも、18世紀のイタリア半島のナポリで行われていた**「クッカーニャ」**というお祭りは格別でした。一見すると非常に楽しげなイベントなのですが……その裏にはダークな面も存在していたのです。

クッカーニャ（cuccagna）は、イタリア語で「極楽の場所」を意味します。ナポリの祭りの歴史は非常に古く、統治していた王族によって催され、時代と共に進化していきました。15世紀には、祭りは貴族だけの特権でした。彼らは歌い、踊り、豪華な食事を食べて狩りに出かけました。16世紀になると人口が増え、ナポリはヨーロッパ有数の巨大都市になります。景気がよくなり街が活気づき、飢えた庶民たちも祭りに参加し、歌い、踊り、お気に入りの服を着て楽しむようになりました。

そこでは食事も無料で提供されるようになり、庶民たちは奪い合うように、食べ物にむしゃぶりつきます。貴族たちは、その様子を嘲笑しながら見物するのです。クッカーニャはそんなダークな行事へと変わっていったのでした。

1617年、ナポリのメルカート広場では、王から一般庶民たちへの贈り物として、馬に引かれた12台の巨大な荷車が現れました。これらの荷車には、ワイン樽、羊の肉、ソーセージ、チーズ、七面

鳥が山積みになっていました。さらにそこには、**生きた豚**も用意されていました。歴史家によれば、これは庶民たちが豚を奪い合い、引きちぎる際に豚が激しく鳴く光景を見せてから「ああ、なんて愉快なこと」と、貴族たちの笑いを誘うという下品な演出だったとされています。庶民たちは大量の食材を乱闘しながら奪い合い、満腹になるまで口に運び続けました。同時に総督が連れてきた200人の貴族たちがそれを見物していました。

さらに、17世紀中頃になると、祭りの食べ物の出し方がプロパガンダ的な要素を含むようになっていきました。パン屋、肉屋、八百屋、魚屋のギルドは山車を出すように依頼され、祭り当日は仮装をして歌を歌いながら「**王のおかげで幸せな生活を送れています!**」というお世辞めいた煽り文句が記されたビラを配りながら通りを練り歩き、目的地まで山車を運びます。このように、飢えた庶民たちに向けた食べ物とセットのプロパガンダメッセージは大いに効果を発揮しました。この祭りは、飢えた庶民たちのガス抜きの場であり、貴族たちへの尊敬を高める絶好の機会でした。社会を支配する特権階級はそれをよく理解し、お祝い事や行事のたびに、一般庶民に向けてクッカーニャを開催し続けました。そしてそれは同時に、貴族たちにとっては趣味の悪いエンターテインメント、定番の見せ物にもなっていきました。

18世紀になると移動式の山車は廃止され、パン、チーズや肉といった食べ物でできた、巨大なモニュメントが建てられるようになりました。これらは貴族の富と権力の象徴でもありました。さらに残酷なエンタメも一層過激になり、生きた動物が木の幹に釘で打ちつけられていることもありました。この祭りを目撃した人は「生きているアヒル、鶏、七面鳥、そして豚が柱に釘で打ちつけられ、出血しており、それを見ている人たちが楽しんでいた」と、当時の地獄絵図の様子を記しています。そして、合図と同時に数千人の飢えた庶民が、これらの食べ物を奪い合うのでした。なんとナイフを持った参加者もいたので、死者と怪我人が続出し、高みからは、「ああ、面白い！　なんと間抜けなんだ」とエリート貴族たちが、その様子を見て楽しんでいたのです。ちなみに、この頃、海外からイタリアを訪れる「グランツーリスモ（グランドツアー）」が流行していますが、この祭りを見た外国人観光客たちは全く楽しむことができずに、ドン引きしていたとか。

　ところがその後、この**地獄のような祭りに転機**が訪れます。1764年の祭りは大飢饉後に行われたため、参加者が暴徒化しました。そのため、合図を待たずに食べ物の建造物を破壊してしまったのです。また、生き物の苦しみに関する感情がアップデートされ、次第に貴族の間でこの祭りのコンセプトへの嫌悪感が高まっていきました。このような変化によってクッカーニャは次第に人々の関心を失い、時代遅れの行事となってしまったのです。

まりんぬ's
コメント

飢えた時に王から施される無料のご馳走の山……庶民にとっては夢のような光景ですよね。次の祭りではどう行動しようか、などと作戦を立ててしまいそうです。食事とプロパガンダの組み合わせには要注意ですね！

フランス

数奇な運命をたどった マリー・アントワネットの親友

マリー・ルイーズ［1749〜1792］は貴族の家に生まれ、17歳の時にフランス宮廷に嫁ぎました。結婚相手はランバル公ルイ・アレクサンドル・ド・ブルボン［1747〜1768］という王子で、ハンサムで魅力的、そしてとても裕福な家の出身でした。容姿端麗で人当たりの良い素敵なランバル公に、マリーは一目惚れしてしまったと言われています。彼との結婚によって、マリーはランバル公妃として新たな人生を歩むことになりました。

しかしながら、幸せだったのは最初だけでした。ランバル公は、とんでもない女好きで、すぐに新しい妻への興味を失い、愛人たちと遊び呆けました。ランバル公妃は夫の浮気に苦しむことになります。

そして、ランバル公妃にはさらに辛い試練が待ち受けていました。夫のランバル公は本能のままに遊びすぎてしまい、性病にかかり、結婚からわずか1年で亡くなってしまったのです。ランバル公妃は悲しみに打ちひしがれますが、その後は、フランス宮廷や義父の慈善事業に参加する日々を送るようになります。

時は流れ、1770年。かのマリー・アントワネット［1755〜1793］がフランスに嫁ぐためにやってきました。彼女はまだ14歳で、ヴェルサイユ宮殿の習慣や緻密なスケジュールに嫌悪感を抱いていました。毎日、厳格に決められたスケジュールに従い、朝から晩まで取り巻きの人々に囲まれ、何度もドレスを着替え、地域の名士や異国の大使などのゲストたちに挨拶をしなければならない日々。

そんな生活の中で、マリー・アントワネットは宮廷で自分の世話をしてくれる、優しくて気立ての良いランバル公妃に好意を抱くようになりました。「**あの人との友情は、私の人生の宝物なの！**」と語るほど親密になります。王妃という立場上、「ゴマすりをして贔屓にされたいわ！」という女性に取り入られることが多かったマリー・アントワネットですが、ランバル公妃の人間性を信用していたのでしょう。そしてこのマリー・アントワネットの人を見る目は、後

『マリー・ルイーズ・テレーズ・ド・サヴォワ、
ランバル公妃の肖像』アントワーヌ・カレ（1776年）

にとんでもない悲劇によって間違いなかったことが証明されるのでした。

マリー・アントワネットはランバル公妃に、**取り巻きの中の最上位の役職を与え**ました。そのポストは30年間も空席であり、かつ非常に高位であったため、宮廷内では嫉妬や陰口が巻き起こりました。さらに、王政に反対する人々はまるで二人が恋人であるかのようなポルノ的なパンフレットを作って中傷しました。

その後、王妃はおとなしいランバル公妃に少し飽きてしまい、ポリニャック夫人というパリピな女と仲良くなったりもするのですが、それでも二人の友情は続きました。

しかし、そんな宮廷の華やかな生活は1780年代の終わりから完全に変わってしまいます。**フランス革命によって、王政が崩壊**したのです。薄情なことに、「王室メンバーに関わっていたら、殺されてしまう！」と、多くの貴族たちがフランスから逃げていきました。ちなみにパリピのポリニャック夫人も一目散に亡命……。

幸運なことに、ランバル公妃はパリで革命が勃発した際に旅行中でした。しかし、彼女はその情報を聞きつけるとすぐにパリに戻り、国王一家を支援することを決意。彼女は逃げることなく、忠誠心をもって友情を貫きました。国王一家の世話をし、貴族たちに国王一家への支援を呼びかけました。けれど彼女の行動は国民の怒りを買ってしまいます。

そして、ランバル公妃は最終的にラフォース監獄に拘束されました。そして数週間の尋問の後、法廷に引き出され、「自由と平等、そして国王と王妃を憎むことを誓いなさい」と強要されたのです。しかし、ランバル公妃はそれを拒絶。「そのような気持ちはありません、私は私の命を捧げます！」と宣言したといいます。

すると、ランバル公妃は裁判所の外に連れ出され、怒りに満ち暴徒となった群衆の中に放り出されます。暴徒たちは怒りの衝動に駆られ、彼女を引きずり、持っていた凶器で襲いかかりました。彼女は恐ろしい最期を迎え、その後、その首はマリー・アントワネットが幽閉されている建物の窓に向けて見せつけられました。

実はこの日、ランバル公妃は髪の中に1通の手紙を忍ばせていました。これは、革命が起こった際にマリー・アントワネットが彼女に宛てて書いたものでした。

「ここに戻らないで。自分のことを大切にしてください。さようなら、大好きなランバル。いつもあなたのことを思っています」

マリー・アントワネットは大好きな友人に逃げてほしいと願っていたのです。しかし彼女はそれを拒否して死を覚悟し、マリー・アントワネットに付き添い続けたのでした。

まりんぬ's コメント

ランバル公妃は遊び人のランバル公から性病をうつされてしまい不妊になってしまったとも言われています。酷すぎますね……。

イギリス

危険な美しさ エメラルドグリーンの怖い話

「わぁ、明るい！　なんて美しいんだろう」と、人々は目を輝かせました。19世紀のイギリス、街や家は前例のないほどの明るさで照らされました。この明るさをもたらしたのは、ガス灯の普及でした。それまでは、人々は夜になるとオイルランプやキャンドル、そして焚き火などのぼんやりとした光の中で過ごしていました。ガス灯の登場によって、人々は快適で明るい環境を手に入れたのです。街の夜景が輝き、家庭でも明るさが広がりました。ちなみに、当時キャンドルは動物の脂で作られたものが一番安く、火をつけると煙たく、悪臭を放ちました……。

さて、初めて明るい世界を体験した結果、人々はあるものに夢中になってしまいました。それは、**美しく麗しいエメラルドグリーン**。鮮やかで深みのあるその色合いは、ガス灯の光に照らされると、より一層その彩りが引き立ちました。光の下でキラキラと輝くその美しさは、思わずため息をついてしまうほどだったのです。そこで大流行したのがエメラルドグリーンのドレスでした。「私も、あの美しいグリーンをまといたいわ……」と、19世紀の上流階級の女性たちはこぞって**オートクチュールのドレスをオーダー**しました。

さて、ガス灯も新しく登場したものでしたが、エメラルドグリーンという色も当時はまさに新たな発見で、注目を浴びる存在でした。1775年、スウェーデンの科学者カール・ヴィルヘルム・シェーレが鮮やかな緑の顔料を開発しました。その後、ドイツで改良が加えられ、1814年には宝石のような美しい緑色の顔料が誕生しました。人々はその美しさに魅了され、この色を「エメラルドグリーン」や「**パリスグリーン**」と呼ぶようになりました。これらの名前自体も、魅力的なおしゃれな響きで、思わず欲しくなってしまいますよね。ドレス以外にも、ストッキング、アクセサリー、そして家具など、あらゆるものがこの顔料で染められ、飛ぶように売れました。

ある時、一人の女性が緑の美しい手袋を購入し、早速身につけておしゃれを楽しんでいました。ところが手袋を外した際、彼

ヒ素を含む染料で染められた鮮やかな緑色のドレス（1870年頃）。

女は愕然とします。手に謎の水ぶくれができていたのです。また同様に、エメラルドグリーンの壁紙の部屋で過ごした人々も不快な気分を味わっていました。その壁からは気持ち悪い臭いが漂い、特にネズミの死臭のような嫌な臭いがしたとの報告が相次ぎました。一体なぜなのでしょうか？

答えはエメラルドグリーンの顔料に含まれる**ヒ素**です。ヒ素は鉱石から銅などの金属を取り出す工程で副産物として大量に生み出されており、当時安価で手に入りました。しかしヒ素はご存知の通り猛毒で、少量でもヒ素を長期にわたって浴び続けると、皮膚に潰瘍やただれなどが起き内臓に障害が起きたり、がんを引き起こしたりします。一部の医師たちは早い段階からこれを把握しており、「**英国で遅発性の中毒が大量発生している**」と声を上げていました。けれどこの時点で決定的な証拠はなく、まだヒ素が毒であるという認識もなかったため、上流階級や中流階級の人々はこれを信じませんでした。なんと言われようと、エメラルドグリーンは美しいのだから……！

そしてついに、恐ろしい事件が起こってしまいます。19歳のマチルダ・ショイラーという美しい少女は、造花職人として働いていました。彼女の仕事は、造花の葉をふわりとさせ、そこにエメラルドグリーンの粉をまぶすことです。しかし1861年のある日、マチルダは突然泡を吹いて倒れました。彼女は緑色の水を吐き出し、白目や爪も緑色に変色していました。「目の前のすべてが緑色に見えるんです！」と、彼女は医師に訴えました。そして、悲劇的な結末を迎えてしまったのです……。死後に行われた解剖によって、マチルダの胃、肝臓、肺からヒ素が検出されました。彼女はエメラルドグリーンの顔料により中毒死を遂げたのでした。

　この悲劇的な事件は、エメラルドグリーンに含まれていたヒ素の危険性を明確に示すものとなりました。実はかの**ナポレオンも遺体からヒ素が検出**されており、幽閉されていたセント・ヘレナ島の住まいの壁紙がエメラルドグリーンだったことが関係しているのではという説があります。

　その後、19世紀に発明された高価ではあるものの安全な緑の顔料であるビリジアンが、エメラルドグリーンの代わりに使用されるようになっていきました。ただ、驚くべきことに、危険なヒ素入りエメラルドグリーンはその後も生活の中で使用され続けました。20世紀に入ってからようやくヒ素の規制が行われるようになりましたが、実は今でも世界各地の地下水からはヒ素が検出され、中毒死する人も出ています。

まりんぬ's
コメント

ちなみに、19世紀から20世紀初頭のアンティークを買う際には注意が必要。緑色が使われていると、ヒ素が混じっている可能性があります。お気をつけくださいね……！

イギリス

伝説的〝ギランギラン侯爵〟の莫大な遺産の使い道は？

19世紀にはイギリスで起こった産業革命の影響で、上流階級の貴族たちの持つ財産がさらに増え、親類の死によって突然巨額のお金を手に入れる人々が現れました。イギリス人の第5代アングルシー侯爵ヘンリー・パジェット［1875～1905］は、19世紀に現れた伝説的な変人の一人でした。彼は突如として巨額の遺産を手に入れ、奇抜すぎる個性で人々の注目を集めました。

変人パジェットの曽祖父、初代アングルシー侯爵［1768～1854］は立派な人物でした。1815年のワーテルローの戦いでは騎兵隊の指揮をとり、大砲の弾に被弾して右足を失いながらも戦い続けました。こういった英雄的活躍が評価され、初代アングルシー侯爵に任命されました。また政治にも参加し、教育制度の向上にも功績を残しました。

しかしながら、のちにこの爵位を継ぐことになった5代目パジェットはかなりの変人でした。もしも初代が彼の存在を知ったなら……大いに嘆くか、あるいは絶望していたかもしれません。

一体5代目パジェットは何をしたのでしょうか。

1898年にパジェットの父親が亡くなり、彼はわずか23歳で巨大な遺産を相続しました。彼には5代目アングルシー侯爵の爵位、巨大な領地の邸宅、一族の財産、そして年間11万ポンド（現在で23億6千万円相当）の収入が与えられました。

さて、当時の上流階級や中流階級では、結婚して子供を作り、礼節を重んじる服装をして、立派な生活を営むことが社会の常識として求められていました。パジェットはそれを打ち破り、自分自身が選んだ人生を生きることに決めたのです。

まず彼は、歴史ある邸宅の大改装を始めました。1470年に建てられたプラス・ニューイドという由緒正しき巨大な邸宅を、アングルシー城と改名。礼拝堂を150席の豪華な劇場に改築し、「お祭り騒ぎ劇場（The Gaiety theatre）」と名付けました。非常に楽しそうなこの劇場では、定期的に演劇が披露されました。そ

宝石を全身にまとった、第5代アングルシー侯爵（1900年頃）。

の主役は、もちろんパジェット本人！　演出も奇抜でした。ダイヤモンドのティアラをつけ、宝石がふんだんに使われたキラキラの衣装を着たパジェットが登場し、数分間何も言わずにただ立ち続け、その後突然、幕が降りる……。**意味不明のプロデュース**に、観客は動揺を隠せませんでした。一方で、ロンドンからプロの俳優たちを高給で引き抜き、舞台に出演もさせていました。また、地元の人々は無料で招待され、楽しい時間を過ごすことができました。

やがて城の小さな劇場だけでは満足できなくなり、パジェットは大勢のクルーたちと、オーダーメイドの派手な衣装、そして舞台道具を持って国内を巡業することにしました。舞台の幕間では、蛇のように体をくねらせる得意のバタフライ・ダンスで、観客を大いに困惑――楽しませました。そしてその奇抜な挙動から、パジェットは「**ダンシング侯爵**」と呼ばれるようにもなりました。

パジェットは宝石の収集にも熱中し、私たちがコンビニでお菓子を買う感覚で宝石を買い集めました。さらに、毛皮、衣装、そして豪華なパーティーなどにも財産を注ぎ込みました。そしてロンドンの街を歩く時は、**ピンクのリボンをつけた白いプードルを小脇に抱え、エメラルドをちりばめたジャケットを着て**闊歩しました。そして極め付けに、彼の所有する車は改造され、その排気口からは……香水が噴射されました。彼のことを知る建築家は「パジェットは一種の幻影のような存在で、エレガントで、宝石をちりばめたような生き物だ」と表現しています。

しかし、遺産を受け継いでからわずか6年後、パジェットは浪費により56万ポンド（約126億円）もの借金を抱え、破産してしまいました。借金返済のために彼は所有していた全ての財産を売却せざるを得なくなります。そして、さらなる悲劇が襲います。翌年、彼はたった29歳で結核によって亡くなってしまったのです。

パジェットの死後、新聞社は彼の生涯を「無駄な人生」と非難し、親戚たちは彼に関する記録や文書を破棄し、彼の愛した劇場は再び礼拝堂として使用されるようになりました。一族にとって恥となった彼の存在は、まるで抹消されたかのように扱われたのです。

しかし、残されたパジェットの写真を見ると、彼が自分らしく生きることを楽しんでいたことが伝わってきます。自由な精神を持ち、生涯を全力で謳歌した彼は、短い生涯ではありましたが、自己表現の楽しさを追求し、他者にもそれを与えることができたのです。

まりんぬ's
コメント

巨額の借金はともかく、当時のギチギチのしきたりをフル無視して、自分を愛し自分らしく生きた彼はとても格好良く見えてしまいませんか？

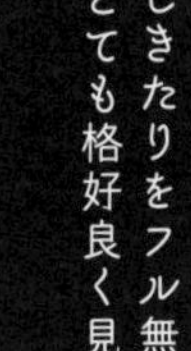

コラム❸

このころの日本のおもな出来事

近世編（1453-1789年）

1453年

1477年

応仁の乱終結

1467年に始まり、細川勝元を東軍、山名宗全を西軍の総大将として、およそ11年間にわたって各地の大名が加勢した勢力争いが応仁の乱。この時一応の終結をみるものの、大小さまざまな大名の争いは続き、戦国時代へと突入する。

1543年

鉄砲伝来

種子島に漂着したポルトガル人から鉄砲が伝わる。翌年には島で生産されるようになり、10年ほど経つと実戦で使用されるようになり、戦国時代の戦い方が大きく変わるきっかけとなった。同時にマントやひだ襟などの南蛮の服装も大流行。

1600年

関ヶ原の戦い

豊臣秀吉の死後、台頭した石田三成を徳川家康が破った。この「天下分け目」の戦いはわずか1日で決着。家康は1603年に江戸幕府を開き、以来約260年にわたり、徳川家の天下となる。

1637年

島原・天草一揆

島原藩の圧政に苦しむ隠れキリシタンたちが、天草四郎を首領として起こした一揆。3万7000人の民衆が兵糧攻めにあうなど過酷な戦いの末、鎮圧された。これ以降、幕府のキリスト教に対する禁教政策がさらに厳しくなった。

17世紀頃

元禄文化隆盛

5代将軍・徳川綱吉が治めた17世紀後半からの時代、安定した世の中に町民たちによるさまざまな文化の花が開いた。近松門左衛門、井原西鶴、松尾芭蕉といった文人、尾形光琳、菱川師宣などの絵師が次々と登場。

1774年

『解体新書』出版

8代将軍・吉宗の洋書輸入制限の緩和に伴って、洋学が発展。『解体新書』はオランダ語の解剖学書『ターヘル・アナトミア』を和訳したもの。刊行者の一人、蘭学医（西洋医学医）の杉田玄白は『蘭学事始』で翻訳時の苦労を述懐している。

1789年

天文学で首はとれない

1543年
コペルニクスが地動説『天球の回転について』を発表していたころ…
日本は戦国時代真っ只中
あっちでもこっちでも大名が権力争いしていました
イケー!!
オー!!
ワー!!
首じゃあ！ 首をとれ！
天ではない
地球が動いている
ドドドドドドドド
当時の大名たちにとっては、地球が回っていようが回っていまいがどうでもよかったのでしょうね

第3章 庶民の話

世界を恐怖のどん底に突き落としたパンデミック、
気になる中世の性事情、実在した今ならありえない職業、
19世紀の人々のおもしろブームなど
庶民の興味深い生活を楽しみましょう。

全欧

誰もが絶望する史上最悪の伝染病とは

2020年に始まった新型コロナウィルスによるパンデミック……まさか現代でこんなにも恐ろしい体験をするとは、ほとんどの人が夢にも思わなかったことでしょう。しかし歴史を辿れば、人類は何度も耐えがたい疫病にさらされてきました。

1348年6月、イギリスの人々は身の回りで起こる謎の症状について気づき始めました。最初は頭痛や吐き気などが起こり、その後、脇の下や股間に痛みを伴う、謎の黒い塊ができてくる、そして最後は高熱が出て患者はたちまち死に至るのです。この恐ろしい謎の病は一体なんなのか？

14世紀にヨーロッパとアジアを襲った通称、「ペスト（黒死病）」は、**人類史上最悪の感染症**のひとつとして記憶されています。ペストは東洋で発生し、モンゴル軍の侵攻によってシルクロードを経由し、黒海北岸から貿易船に乗ってヨーロッパに伝わりました。この病気は主にペスト菌に感染したノミに噛まれることによって人にうつります。ノミはペスト菌を持つネズミに寄生し、さまざまな場所へ運ばれました。ヨーロッパでは全人口の3分の1以上、実に2500万人が死に至りました。ペストに感染してしまうとほぼ逃げられません。**罹患すると、致死率はなんと80%**でした。人々は病が蔓延する中、家族や友人、そして隣人が次々と命を落としていく光景を目の当たりにしました。この状況は人々の心に深い恐怖と絶望を植え付け、**社会全体がパニック状態に**陥りました。中でも特に恐ろしい目に遭ったのは、貧困層の人々でした。

中世ヨーロッパでは封建社会というシステムが取られており、王を頂点に、貴族、裕福な商人たち、そして農民たちがその一番下の階層に存在していました。その中でも農民は、非常に厳しい暮らしを強いられていたのです。

ペストで亡くなった人々を埋葬している様子。

また、中世の人々は日常的にノミやシラミに悩まされてきましたが、富裕層はシーツや衣類を替えることができました。一方で、農民はひとつの部屋しかない小さく不潔な小屋に住み、複数人が密集して暮らしていました。「いてて……また虫に噛まれてる」と、虫だらけの不潔な藁の上で眠りました。その上、部屋の3分の1ほどは家畜が占めています。このように、貧困層や農民たちは極めて不衛生な生活を送っていたのです。

こんな辛い生活を送る中で、ペストが到来します。農民たちにとって、これは地獄のような日々の始まりを意味していました。街の人間が次々と病に倒れていく……資金のある富裕層は、感染しないようにその場から離れました。しかし、貧困層はその場に留まらざるを得ません。イタリア・ルネサンス期の人文主義者であるジョヴァンニ・ボッカチオ［1313～1375］は、都市部に住んでいた庶民の窮状をこう記しています。「**毎日何千人もが病気になり、ほとんど助けを得られなかったので、ほぼ例外なく死んでしまった**」

下層階級の人々の不潔な環境は病気の蔓延を助長し、感染者が急増しました。その勢いは凄まじく、ヨーロッパ大陸とは海を隔てたイギリスでも人口の30～40％が死亡、村によっては80～90％の死者が出たと言われています。彼らは治療法も分からず、謎の恐ろしい病に途方に暮れました。医者に診てもらうこともできず、その結果、まるで動物のように昼夜を問わず道路や畑、そして家で亡くなっていったのです。何千人もの農民が命を落とし、一部の村は農耕に従事する労働者がいなくなってしまい、荒れ果てて消滅してしまいました。

やがてペストは終息。生き残った農民たちには、新たな希望が芽生えました。多くの下層階級の人々が亡くなったため、農耕をする人間が完全に不足。これが農民たちにとって大きなチャンスとなったのです！

領主たちは仕事をする農民や農奴がいなくなってしまったため、収入が激減。しかし、労働力を確保するために農民たちに高い報酬を支払い、農民たちにとってより有利になる協定を結ばざるを得ませんでした。農民よりも立場の低かった農奴も領主が解放したことで農民となりました。農民には小作人と自作農がいて、イギリスでは「**独立自営農民（ヨーマン）**」という実質的に小土地所有農民になる農民が多くいました。農民の生活は以前より自由になり、彼らの労働力の重要性がますます認識されるようになったのです。中世イングランドの詩人ジョン・ガワー［1330頃～1408］は、それまで水を飲んでいた労働者たちが、牛乳を飲んだりチーズなどの贅沢品を食べられるようになったことを嘆きました。富裕層は気に入らなかったようですが、労働力の価値向上は、ヨーロッパの封建社会に大きな変化をもたらしたのです。

まりんぬ's コメント

700年も前の話なのに、私たちが体験したパンデミックと重なる部分も少なからずありましたよね。長い歴史の先人たちの知恵があるから乗り越えられました。私たちも力強く歩んでいきましょう！

王家・皇帝

貴族

庶民

全欧

街中で起こる奇妙なフラッシュモブの正体

1374年、現在のドイツのアーヘンという町で、不可解な出来事が起きました。突如として人々が無我夢中で踊り狂い始めたのです。それも何日も、何週間も……。

当時アーヘンは神聖ローマ帝国の一部であり、政治や宗教の中心地として栄えていましたが、ある日を境に、アーヘンの市民や農民が老若男女問わず、何日も踊り続けました。この現象は数週間から数ヶ月、続いたのではないかと推定されています。彼らは呪われたかのように踊り続け、恐ろしい幻影を見たように叫び、ひどい場合は疲労や心臓発作で死ぬまで踊り続けることもありました。なんとかこれを鎮めようと、アーヘンの役人や教会関係者は、祈りや祝福をして邪悪なものを取り除こうとしました。

街を襲った非常に奇妙な現象。しかしながらこの現象はこれだけではありません。実は数世紀にわたって、ヨーロッパ各地で大規模な踊り狂いが発生し続けていました。この現象は**ダンシング・マニア**と呼ばれ、ヨーロッパの歴史上、最も奇妙な病気の1つと言われています。13

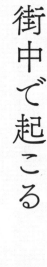

〜16世紀の初めにかけてヨーロッパ各地で見られ、1247年にはエアフルト（現ドイツ）で、1407年にはユトレヒト（現オランダ）で発生しています。

そして……1518年7月にストラスブール（現フランス）で起きたダンシング・マニアは最も有名なものと言われています。ある日、市民の一人、フラウ・トロフェアという女性が突然踊り始めました。するとそれを見た群衆は「私も踊りたい……体が動き出す！」という衝動に駆られ、この症状が次第に周囲に広がっていき、やがて400人以上が踊り続けてしまう事態が発生してしまったのです。彼らは昼も夜も踊り続け、足の皮がめくれていることにも気づいていない様子でした。なんとそこで役人たちは「この病気は踊りきらなければ回復しないだろう」と判断。彼らを踊り疲れさせるために、**会場を用意して管楽器や太鼓を演奏し、プロのダンサーにも加勢させました**。冷静に考えるととんでもない策ですが、案の定、心臓の弱い人々は数日で亡くなってしまいます。

この少し前の1491年にも、同じような奇妙な集団

ダンシング・マニアは「踊りのペスト」などとも呼ばれ、古くは7世紀に発生したという記録もある。

行動がオランダの修道院で起こりました。数人の修道女が、犬が憑依したように走り回り、鳥の真似をして木から飛び降りたり、猫のように木に爪を立てました。その後200年にわたって、ローマやパリの修道院で、同じように修道女が奇妙な行動をとるようになりました。

当時こういった一連の行動は、悪魔が人に取り憑いているのではないか？　呪いがかかっているのではないか？　などと考えられていました。さらに、異端のカルト教信者のメンバーによるものだったという説や、ライ麦に生える幻覚や震えを引き起こすという菌を口にしてしまったから、という説もあります。しかし、この菌を口にしたとしても何日も踊り続けることはありえないと言われています。このミステリアスな事件の真相はいまだに完全には解明されていませんが、現代の科学者たちの研究によって、**過去の恐ろしい体験によるストレス反応**であったのではないかという説が有力視されています。

例えば序盤の1374年アーヘンでは、飢饉によって多くの人々が栄養失調になっていました。また2500万人が死亡したと推定されている、14世紀半ばにヨーロッパを襲ったペストによって隣人や家族を失ったストレス。それに加え、強い信仰心を持つ市民たちは災いを「神の怒りだ……」とか「悪魔の仕業に違いない」と考え、自分ではコントロールできない事態に、より一層不安な気持ちを抱えていたのです。

1518年のストラスブールでは、飢饉と悪天候による不作、また社会的な階層や貧富の差が深刻になっていました。市民の安全や生活への不安が高まっており、普通に生活するだけでも精神的ストレスを抱えていました。かつ彼らの心の拠り所であったカトリック教会は汚職にまみれ、ローマ教皇の指示で贖宥状を売り出し、「お金を払えば現世の罪が許され天国に行ける」と言い出すなど、信仰に対する信頼が失われていました。宗教の堕落を一掃しようと、ドイツの神学部教授マルティン・ルター［1483〜1546］は95ヶ条の論題を発表し、カトリック教会の腐敗を糾弾し、宗教改革が始まります。このような変化に関する不安や混乱が、人々に大きな恐怖を与えていた可能性があるのです。

一連の厳しい状況……どうにもならない天候や疫病、社会的・経済的不安定さ、宗教的な恐怖によって、人々はストレスを蓄積していきました。このストレスが限界に達し、踊るという行動でそれを解放しようとしたのではないかと考えられています。歴史の闇に包まれたこの現象は研究が続けられており、**人が抱える不安やストレスの対処法を模索する重要な題材となっ**ています。

まりんぬ's コメント

私のストレス発散法はダンシング・マニアではなく、美味しいものを食べる、イギリスの安ビスケットと紅茶を摂る、日本食を食べる、あと、無限に口笛を吹くことです（笑）。

イギリス

プライバシーは完全無視
中世の離婚裁判

「もう限界だ、あなたとは離婚したい！」

もしもあなたが中世に生まれ、パートナーがこんなことを言い出したら、恐ろしい目に遭っていたかもしれません。

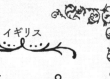

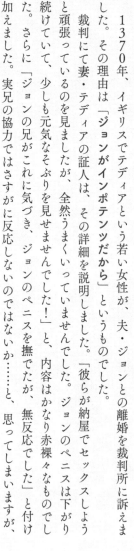

1370年、イギリスでテディアという若い女性が、夫・ジョンとの離婚を裁判所に訴えました。その理由は「**ジョンがインポテンツだから**」というものでした。

裁判にて妻・テディアの証人は、その詳細を説明しました。「彼らが納屋でセックスしようと頑張っているのを見ましたが、全然うまくいっていませんでした。ジョンのペニスは下がり続けていて、少しも元気なそぶりを見せませんでした！」と、内容はかなり赤裸々なものでした。さらに「ジョンの兄がこれに気づき、ジョンのペニスを撫でたが、無反応でした」と付け加えました。実兄の協力ではさすがに反応しないのではないか……と、思ってしまいますが、この件が本当なのかどうか、裁判所は確認することを決定しました。そこでジョンのインポテンツを実証すべく、裁判所は「**賢い女性**」と呼ばれる調査役の女性数人を選出し、彼女らに調査を命じたのでした。

早速、彼女らはジョンの体に触れ、その反応を確認し、裁判所にこんな報告をしました。

「ジョンのペニスは、空っぽの腸のようです。表面に血管は浮き出ていない。手で撫でてみても一切反応せず、少しも膨らみません。睾丸にいたっては子供のような状態です」

　気の毒すぎるジョンですが、このようなプライベートが明らかとなったその数日後、**裁判所は彼らの結婚を取り**

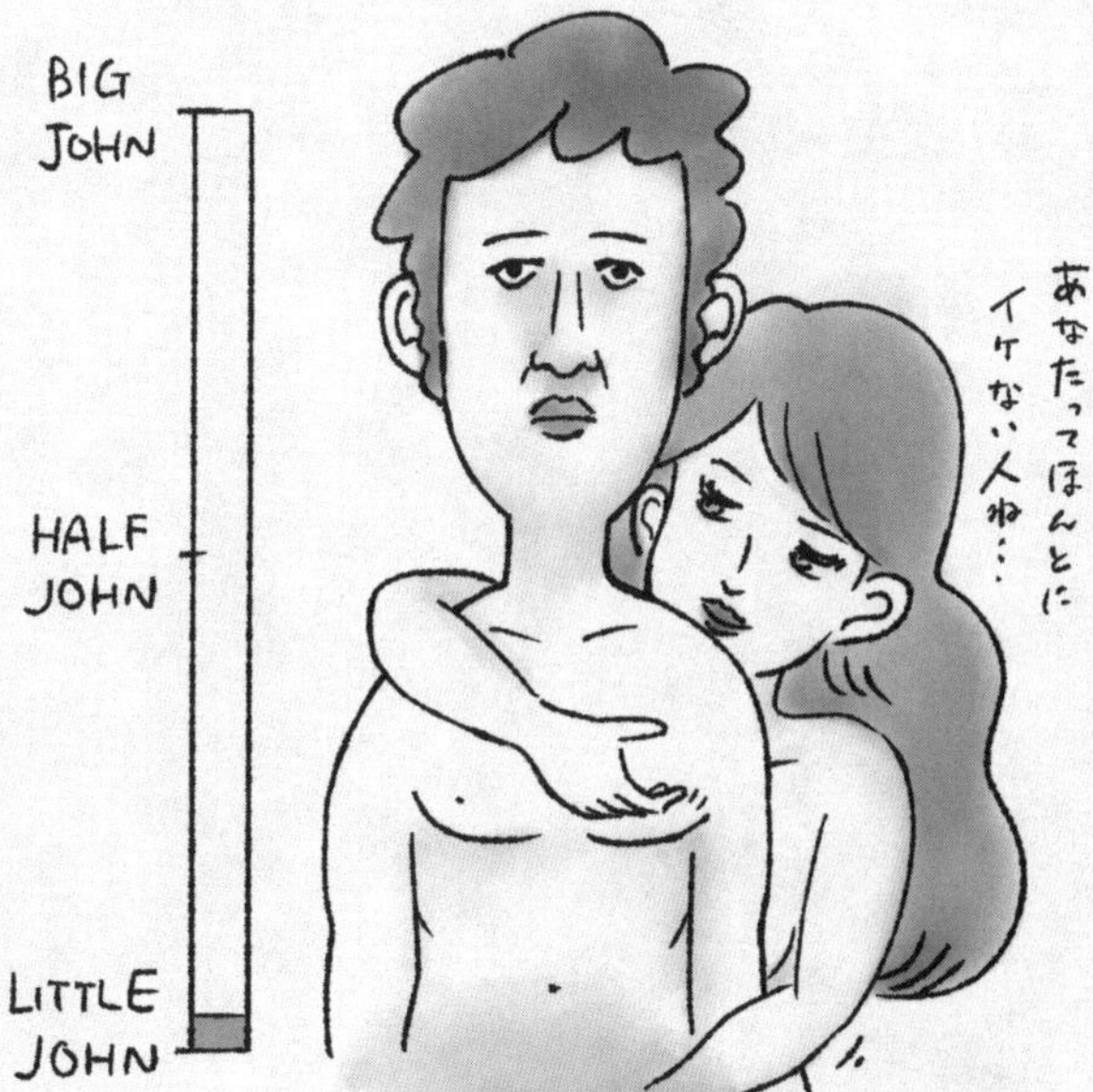
BIG JOHN
HALF JOHN
LITTLE JOHN
あなたってほんとに
イケない人ね…

消しました。

中世ヨーロッパでは、現代のような意味での離婚は存在しませんでした。結婚はとても神聖なものであると考えられていたことから、教会や裁判所の判断によって結婚の取り消し、もしくは別居といった形態で行われることがほとんどでした。また、これらが認められる条件は非常に少なく、一方が既に結婚していた場合（重婚）、近親相姦、貫通罪、インポテンツなどに限られていました。

また、この条件に該当していたとしても、それが事実であると証明しなければならず、証拠が不十分であれば、離婚は認められませんでした。そのため、可哀想なジョンのように、インポテンツの疑いをかけられた場合には、**公の場**で「本当にインポテンツなのか？」を確認するために、身体の反応を試されるのでした。このインポテンツの検査の歴史は古く、12世紀の神学者、チョバム出身のトマスは当時の手引き書『Summa Confessorum（スーマコンフェソラム）』の中でその確認方法をかなり具体的に指南しています。

「食事の後に、男女を1つのベッドに寝かせ、賢い女性たちをベッドの周りに呼び寄せる。それを何晩も行う。もしその男の睾丸が、いつも死んだようになっていて、役に立たないことが判明したら、そのカップルは別れることができる」

ところで、裁判でインポテンツを証明する役割を担う「賢い女性」は、どういった人が選ばれていたのでしょうか？

例えば、1433年に別のジョンという男性が離婚裁判で身体検査を受けた際には、かなり積極的な女性が登場しています。彼女自ら**胸や局部を彼に見せつけ、**ジョンの陰部を揉みしだき、さらに卑猥な言葉を使ってジョンを興奮させようとしました。ちなみに彼女は、ジョンの陰部は終始3インチ（約7・6cm）程度だったと裁判で証言しています。こういったことから、一部の学者は、娼婦がこの役を買ってでた場合もあったと考えています。また小さな村での裁判では、賢い女性らは男性の知り合いの可能性もあったとか。果たして、顔見知りの女性たちに検査された男性が、本来のパフォーマンスを発揮できるのか疑問が残りますが……。

ちなみに、性的不能であると周囲に明らかになってしまうことは、もちろん男女ともに恥ずかしいことでした。ということで15世紀になると、「**魔女が生殖器を攻撃した**」「**魔術によってインポテンツになった**」というトンデモ言い訳が誕生します。当時盛んだった魔女狩りを利用して、その性的不能の責任を女性に負わせようとしたのでした。

まりんぬ's
コメント

15世紀のルーマニアでは、離婚したい夫婦は二人揃って狭い牢獄に閉じ込められ、関係修復を迫られていました。1つしかない枕や食器を6週間も共有するんだそうです。仲が良くてもだいぶキツイですよね。

全欧

今やるとただの変態!? セクシーすぎたメンズファッション

ロンドン塔は、イギリスの首都ロンドンにある中世に築かれた巨大な要塞です。長い歴史を持つこの要塞は、かつては血生臭い処刑が行われたり、武器庫として使われたりしていました。現在では、その歴史を伝える各種展示も行われています。当時の残酷な拷問器具など、目を引くものが目白押しなのですが、その中でも来場者が間違いなく動揺してしまうのが、イングランド王ヘンリ8世［1491～1547］の鎧です。

下半身にそびえ立つ、巨大な突起物。いくらなんでもおかしいのでは……？　と思ってしまいますが、こちらは**コッドピース**という、当時の重要なファッションアイテムでした。コッドは陰嚢を意味します。あからさまに男らしさを主張するコッドピースですが、実は元々は大変控えめなものでした。中世では、男性は下半身に「ショース」というものを穿いていました。のちにこれはストッキングのような形状になっていったのですが、初期は靴下状で片足ずつ独立していたため、大事な部分には何もない……ということで三角形の布でそれを守ったことから、コッドピースが誕生したのです。

しかしながらその後、ささやかな布は一気に変化します。16世紀に入ると、ヨーロッパでは「男性らしさ」が最も重要視されるようになりました。コッドピースはそれをアピールするためにうってつけのアイテムだったのです。

徐々に巨大化し、最終的には大きめに勃起しているような姿になってしまいました……。そこには、権力と豊穣の意味が込められていました。さらには派手さも追加され、下半身から突き出す壮大なコッドピースには、宝石や刺繍も施されました。テューダー朝エリザベス治世下に書かれたシェイクスピアの戯曲では登場人物の男が、甘い顔立ち、立派なお髭、そして愉快なコッ

ドピースを持っているからモテるのだ、と自慢しています。詰め物やパッドが入った股間から突き出た突起は、イケている男性の必須アイテムでした。

ファッションは、いつの時代も人々の価値観や社会的地位を示す重要な要素であり、中世ヨーロッパも例外ではありませんでした。男性たちは、ファッションを通じて自分たちの魅力や地位をアピールし、他者と差別化を図っていました。ただ、時には過剰になりすぎて、後世の人々が驚くファッションが誕生してしまうこともあったのです。

下半身以外も見ていきましょう。上半身に関しては、中世初期から、ヨーロッパでは男女ともにお尻まで隠れるチュニックを身につけていました。これらのチュニックは、さまざまな素材やデザインで作られました。貴族は手に入れた上等な素材を誇示するために、長いチュニックを好みました。しかしながら中世後期になると、チュニックは体にフィットしたタイトなものになり段々と短くなっていきました。ついには、ストッキングとコッドピースで包まれた、お尻や股間が見える長さになっていき……貴族たちは**男らしい脚線美**を強調するようになりました。

さて15世紀のメンズファッションでは、さらに物議を醸したアイテムが登場しています。それは……靴の一種、クラコウ、またはプーレーンと呼ばれるものでした。クラコウは14世紀から15世紀にかけて、ヨーロッパで大流行した先端が異常に尖った長い靴です。「長ければ長いほどかっこいい!」と、貴族や富裕層たちはその地位を示すために、先端を長く尖らせるために棒や詰め物が入った靴を買い漁りました。競い合うように、つま先はますます長くなっていきます。その結果、教会で祈る際にも、靴の先が長すぎてひざまずくことが困難になってしまうほどでした。そんな状況が問題視され、1463年にイングランド王エドワード4世は、クラコウやプーレーンといった先端が5cm以上の靴の使用を禁止する法律を発令しました。

　さて、ファッションは時代と共に移り変わります。それまで男性たちは競い合うように男らしいセクシーなファッションを追求しましたが、その流行は廃れてしまいます。なぜなら16世紀に入ると繊細なレースや刺繍、ふんわりとしたヘアスタイル、**真逆のフェミニンな装い**が台頭したのです。新たな時代が訪れ、男性も女性も繊細さと優雅さを重要視するようになり、過激な漢《おとこ》ファッションは、すでに過去のものとなってしまいました。

まりんぬ's コメント

ところでヘンリ8世の鎧のコッドピースは1kg超えなんだそうです。股間に1kgもぶら下げる……おしゃれは我慢！　とは言いますがこの時代も大変だったんですね。

イギリス

もしも転生して中世の城で働くことになったら?

あなたは中世のお城で働いてみたいと思ったことはありますか? 例えば、現在は廃墟となっているイングランドのグッドリッチ城には、女城主の貴族ジョアン・ド・ヴァランス［1230〜1307］が住んでいました。そこでは**100人近くの使用人が忙しく働き**、主人の生活を支えていました。では一体どのような職業の人々がお城で生活していたのでしょうか? 住み込みでの生活はどのような感じだったのでしょうか? 中世のお城の意外な一面を探っていきましょう。

一般的に、中世の規模の大きな城には50人以上の労働者がいました。シェフ、大工、庭師、そして洗濯や掃除をする家事使用人など、私たちが一般的に想像する仕事はもちろん存在していましたが、中には当時ならではの面白い職業についていた人々もいました。

鷹匠は中世のお城で興味深い職業の1つです。彼らはハヤブサ、鷹、鷲などの猛禽類を訓練

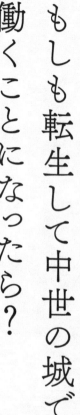

し、狩猟のために使いました。**鷹狩りは非常に人気のあるスポーツであり、**訓練された鳥が獲物を捕らえる様子は貴族の娯楽としても親しまれました。さらに、使用される鳥たちはその手間や多額の経費がかかることから貴族のステータスシンボルでもありました。実際に、14世紀には誘拐された貴族の身代金として、白いハヤブサが使われたこともありました。当時は**鳥が莫大な価値を持っていた**のです。数百年にわたって鷹狩りは人気を保ちましたが、17世紀にショットガンが登場すると、この文化は徐々に衰退していきました。

また、お城では頻繁に宴が開催され、エンターテイナーたちが重要な役割を果たしていました。例えば、宮廷道化師は曲芸や演奏などの芸術に精通しており、人々を楽しませるためにさまざまな技を披露しました。彼らはしばしば大胆なユーモアで出席者をからかい、人々を笑わせました。そのおかげで、宮廷道化師は宴席の一大注目の的となりました。**ただし王族をからかう時はリスク大!** テューダー朝時代、ヘンリ8世［1491~1547］は道化師が愛人を馬鹿にしたことにブチギレて、その道化師を殺そうとしたという逸話も残っています。

また、中世の城では吟遊詩人も重要な存在でしたが、彼らのイメージは現代の崇高なものとは異なります。吟遊詩人は遠い国の物語や創作した話を、風刺を利かせ、時には皮肉たっぷりに、歌に乗せて演奏しました。スコットランドで近年発見された『ヒージ手稿』という中世の冊子によれば、彼らは時に「神はッ♪ 飲んべえの陽気な男たちを愛しているのさッ♪」と歌で煽り、聴衆に酒を飲ませて酔っぱらわせていました。非常に楽しそうですね。また意外と肉体派で、ダンスやアクロバットもこなしました。彼らは王室や貴族の宮廷に招かれ、その才能を披露しました。中世の吟遊詩人は宴の場で歌い、踊り、エンターテインメントを提供することで生計を立てていました。彼らの活躍によってお城の雰囲気は一層華やかになり、人々は楽しい時間を過ごすことができました。

さて、中世の城には、このようにさまざまな職業の人々が生活していましたが、多くの王族・貴族は定住することなく城から城へと移動していました。引越し回数は貴族によって様々で、なんとイングランド王ヘンリ3世［1207～1272］は**年間80回も引っ越し**を行ったと言われています。その移動の際には衣服、食器、家具、そして燭台まで、全ての持ち物を運び出す必要がありました。想像を絶する重労働ですね。そして多くのスタッフは引っ越しに帯同し、少人数のスタッフだけが各城に常駐していました。

そして、城には下々の者にはプライベート空間は存在しませんでした。中世の城には寝室が数室しかないことが珍しくありませんでしたが、もちろんそれらの寝室は貴族のためのものです。では、それ以外の人々はどこで寝ていたのでしょうか？　答えは「**その辺りで雑魚寝**」です。彼らはどこにでも寝泊まりしました。大広間のテーブルや納屋の藁の上で眠り、凍える冬の時季には大広間の暖炉の近くが人気でした。

お城での仕事は休日がほとんどないのに、低賃金でしたが、地元の農民から税金として納められた大麦やオーツ麦を使ったパンを食べたり、ワインやビールを飲むことができ、人気の職業でした。また、最大の魅力は貴族のご馳走の食べ残しにありつけることでした。城では地位の高い人々のために肉団子、肉のロースト、魚を使ったパイ料理、フライなどが調理されていたのです。また、貴族たちは娯楽として希少性の高い食材を好み、イルカ、鯨、孔雀などを食べることもあり、それらも残り物にありつけました。城の全員を養うために中世のイングランド貴族、ジョアン・ド・ヴァランスは全収入の40％を食費に費やしていたとも言われています。

このように、中世の城での生活は、楽しく華やかな一面と労働者の厳しい環境が共存していたのです。

まりんぬ's
コメント

ちなみに、料理人は超多忙でした。1日に数百人分の食事を2回作る必要があったんです。なんという重労働……。自炊がしんどい時は、脳裏に中世の料理人を思い浮かべて頑張りましょう。

中世のパン職人とその助手。城ではこういった職人たちがたくさん働いていた。

イギリス

18世紀の変なデート男女の恋愛ルールとは？

あなたは、好きな人にアピールしてみたことはありますか？

「あの人、かっこいい！　話してみたいなぁ……」と、思っても18～19世紀前半のハノーヴァー朝のイギリスでは、決して女性から男性に声をかけることはできませんでした。できるのはせいぜい兄などに「僕の妹は君に興味を持っているようなんだよね」とメッセンジャー役を頼むことくらいです。そして、運良く仲良くなってからも、セックスなんてもってのほか、**キスをすることすら許されなかった**のです。たとえ意中の男性といようが、若い女性には監視役の婦人がどこにでもついてまわりました。

18世紀半ば頃まで、イギリスではお見合い結婚が一般的でした。結婚は恋愛とは関係がなく、政治的なものでありビジネスという考えで、若い娘たちは、みな父親が選んだ人と結婚していました。しかし今までの封建社会から、人間性の解放を目指した啓蒙主義が浸透し、人々の考え方に徐々に変化が起きます。**「今までの価値観は押し付けられていたものだ。人間は自由で平等のはずなのに！」**と、今まで従ってきた伝統への疑問や、人間性を大切にする考えが生まれたのです。とはいえ、いきなり現代のような自由な恋愛ができたというわけではありません。申し分ない相手と結婚できるように、当時の若き男女の間には不思議なルールと慣習が存在していたのです。

まずは出会いについて。現代ならマッチングアプリを使って、条件を絞って好みの相手を探すこともできますが、18世紀末のイギリスではどのように相手を見つけていたのでしょうか？

実は興味深いことに、この時代の男女は**出会いを求めて、10月から翌年6月までの間、首都ロンドンに集結していました。**なぜならこの時期には議会が開かれるため、王室メンバーや貴

族院に出席する貴族たちが地方からロンドンに集まるからです。それに伴い社交界のイベントが目白押しだったため、若者たちは舞踏会やロイヤルアスコット、そしてガーデン・パーティーなど、ロマンスのチャンスになる行事に、良き結婚相手を見つけようと必死に参加しました。

そんなわけで、大勢のライバルがいる過酷な状況で素敵な相手を射止めなければなりません。男女は出会いの機会を増やすために、できるだけ多くの舞踏会に参加しました。さらに、そこで最も重要視されていたのが……**外見**でした！　当時の女性向けの啓発書『美人の鏡～The Mirror of the Graces』によれば「女性の見た目はその人の性格を反映しています。よく着飾り、優雅に立派に振る舞うのです」「暴飲暴食を避け、よく運動して清潔でいること」と定義づけられています。ただし、実家が大金持ちであるか、もしくは貴族の身分であれば、外見はさほど関係ありませんでしたが。

さあ、舞踏会で手と手を取りあい、目を合わせるだけでドキドキした若い男女のその後ですが……男性側が、出会った女性ともっと親しくなりたいと思えば、翌日に花を贈ったり、2回目のダンスに誘ったり、散歩に誘うことが一般的でした。ただし、これらの行動には例の如く女性の監視役が常に付き添っていました。監視役は主に母親やおばなどが務め、嫁入り前の娘が男性と二人きりで会うことで噂にならないよう、評判を落とさないように見守っていたのです。またこの時の男性の振る舞いにも細かいルールがあり、当時の**男性用のマニュアル本**には、家に招かれ食事する際の挨拶や振る舞いから、爪の甘皮の処理、楽しい会話のために優美な発声を身につけることなどが書かれており――つまり、全てに注意をしてエレガントでいなければなりませんでした。

このような堅苦しい環境で、**若い二人の愛を育むのに役立ったのがラブレターの交換です。**ただしこの時も、男性は女性側に正式に文通することを申し込まなければなりませんでした。

また女性からの手紙はとても控えめな内容でしたが、男性のラブレターは膨大な長さで、熱烈なポエムが書かれることもよくありました。例えば、詩人のバイロン卿［1788～1824］は愛する女性に「私の行動、言葉は全て愛の証明だよ。今、少ししか離れていないのに、君がとても遠くにいるように感じてしまうよ……」とロマンチックな手紙を残しています。また愛の手紙は、女性の家族内で回し読みされました。彼が本当に娘の夫としてふさわしい人物であるかを確認するためだったそうです。男性側には鉄のハートが必要そうですね。

まりんぬ's
＼コメント／

ちなみに当時はラブレターの書き方も存在していました。テンプレを書き写したラブレターって一体……。手紙の内容は品位を示す要素でもあったので、マニュアル本があると安心して手紙が書けたんでしょうね！

王家・皇帝

貴族

庶民

全欧

中世の奇妙なセックスの世界

人類の価値観や文化は幾多の変遷を遂げてきました。そして、それはセックスに関しても同様です。中世ヨーロッパでは、現代とは異なる性行為の慣習や規則が存在していました。キリスト教が篤《あつ》く信仰されていたヨーロッパでは、何世紀もの間、人々はセックスに関する罪への恐怖と性的抑圧の中で生きていたのです。

まず驚くべきことに、中世カトリックでは性行為の際の体位は**正常位**しか認められていませんでした。他の体位は絶対に許されません！　当時の教会では正常位以外の体位は不道徳であり、自然の摂理に反すると考えられていました。また、性行為の目的は結婚した男女が子孫繁栄のために行う、というもので、快楽のためだけにセックスをすることは罪とされていました。

また自慰行為も罪深いものとされ、それどころか「自慰行為したいな」と考えてしまうこと自体も禁止されていたのです。さらに11世紀以降には、聖職者は未婚であり禁欲的な生活を守るべきだと考えられていました。

では、このようにド潔癖な考えの中世に、売春は存在したのでしょうか？　実は、中世ヨーロッパでは売春が一般的であり、多くの都市には市が営む娼館が存在していました。1358年には、ヴェネツィア議会（市参事会）によって売春は**「世界にとって絶対に不可欠である」**と宣言されるほどでした。この考えは、もし社会から売春が排除されてしまうと、男性たちの性への欲望が抑えられず女性に襲いかかったり、同性愛に耽《ふけ》って社会が混沌としてしまうのではないか、という懸念に基づいたものでした。未婚既婚の男性はもちろん、聖職者までもが娼婦を必要としていたのです。

このように売春が一般的だった中世ヨーロッパでは、娼婦たちには2つの制約が課せ

られました。1つ目は、決められた衣服の着用。それは娼婦とそうではない女性を一目で区別できるようにするという差別的な目的からでした。フィレンツェでは娼婦は手袋をし、帽子に鈴をつけました。また、ミラノでは娼婦は黒いマントを着用していました。

2つ目は、居住地の指定。多くの都市では娼婦は特定の場所に追いやられました。例えばイタリアのボルツァーノの売春宿は、死刑執行人の家の近くや街の隅に置かれていました。いずれの条件も、当時の娼婦の社会的地位の低さが反映されています。しかし、娼館は都市の収入源として重要な役割を果たしていました。

さらに、記録には**女装した「売春夫」**の存在も示されています。1395年、イングランドのヨークで「私はエレノアです」と名乗る男性が逮捕されました。彼の本当の名前はジョンでした。市の職員が道端で女装して性行為にふけるジョンを見つけたのです。中世の世界では、同性間の性行為は有罪とされ、去勢や処刑されてしまうこともありました。

中世ヨーロッパでは**夫婦間の性行為の時期も決められて**いました。例えば、日曜日はキリストが復活した主日であり礼拝に専念するためにセックス禁止、木曜日と金曜日は儀式の準備に専念するので同じく禁止、また成人の祝日も信仰を高めるために禁欲することが求められていました。またクリスマス前には35日、聖霊降臨祭前後の40日から60日、という長期の禁欲期間も定められていました。これらの日に性行為を行うことは、キリスト教の教えや聖人らへの尊敬を欠いた行為とされました。そのため、この日にセックスしてしまった夫婦は、教会から懺悔のための罰として断食や殴打などを受けることがありました。

このように、中世の性は教会の影響が非常に大きかったのです。宗教の価値観が社会全体に浸透しており、性行為に関しても教会の教えや規則が厳格に適用されていました。

しかし、人間は常に教えに従うことができない生き物。例えば、処女と偽るために、膣にヒルを入れた女性――これは処女の証の出血を再現するための苦肉の策だったそうですが……。またイタリアでは動物との性行為が禁じられていたにもかかわらず、そのような行為をして有罪となった男性もいました。**男は生き埋め**となりましたが、可哀想なことにその虐待された動物も共に埋められてしまったそうです……。

まりんぬ's コメント

このように厳しく制限されていたにもかかわらず、市が売春宿を経営したりと、いつの時代でも人間社会は矛盾に満ちていますね。

イギリス

天使と会話する!? 怪しい天才科学者ジョン・ディー

かつて、「天使と話すことができる」という特異な能力を持つ天才科学者がいました。その名はジョン・ディー［1527〜1608］。16世紀のイングランドで天文学者、数学者、占星術師、そして魔術師として知られ、また、イングランド女王エリザベス1世［1533〜1603］の宮廷占星術師としても有名でした。彼の人生は奇妙で矛盾に満ちており、天才と言われた彼の科学への探究心とオカルトへの関心がその運命を翻弄していきます……。

ディーはまさに天才でした。15歳でケンブリッジ大学に入学しギリシア語、ラテン語、哲学、幾何学、そして天文学を学びました。並はずれた集中力を持っていた彼は、**4時間の睡眠で、1日に18時間も勉学に没頭**しました。中でも、とりわけ情熱をかけて取り組んだのが数学でした。

大学卒業後も精力的にその才能を発揮していきます。天文学に関する本を執筆したり、パリに行き元素についての講義を行ったり。しかし、生まれてくる時代が早すぎたのかもしれません。ディーは1555年に逮捕されてしまいます。罪状は、なんと「計算」によるものでした。1500年代はまだ科学とオカルトがごちゃ混ぜになっていたため、イングランドでは、数学は呪術的なものだと考えられていました。この時代の数学の本は、禁書に値するものとして燃やされています。

不遇の時代を過ごしていたディーでしたが、1558年にエリザベス1世が王位に就くと、才能は適切な場所で開花することになります。女王はディーの知識を信頼し、ディーも女王のために、占星術の技術を用いて戴冠式の日取りを決めたと言われています。

ディーが天才と呼ばれるにふさわしい出来事が記録に残されています。1588年、スペイ

ン艦隊がイングランドに接近した際、彼は「このまま待機せよ」と助言しました。その結果、嵐が襲来し、スペイン艦隊は大きな損害を受けました。これは、気象学にも精通していた彼が、迫り来る嵐を予測できたからです。最終的にイギリス艦隊はスペイン艦隊を撃退した（アルマダ海戦）ことから、エリザベス1世からの信頼はさらに深まりました。

新たな知識を求め続けるディーは、自宅に国内最大級の図書館を建設しました。なんとその蔵書数は当時のオックスフォード大学の7倍を誇ったといいます。また幾何学を航海に応用し、航海士たちが必要とした多くの機器の発明もしました。

……と、ここまでは順調だった天才科学者の人生ですが、ある男との出会いで一変することになってしまいます。その男の名は、エドワード・ケリー［1555～1597］。彼は**詐欺師**でした。

当時、人々は天使の存在を信じていました。もしも「天使なんかいない」と発言しようものなら、白い目で見られたことでしょう。ケリーは天使と会話ができ、イタコのように天使の言ったことを代弁できると自称していました。好奇心の塊であったディーは、この男を信じきってしまうのでした。

ケリーとの出会いから10年間、ディーは彼と共に天使との交信に明け暮れました。詐欺師の話す天使たちの言葉をディーは夢中で文字に起こしました。ある時「**天使が互いの妻を交換するように話している**」とケリーに言われた際には、互いの妻を交換してセックスをしたと言われています。そしてケリーの妻はこの9ヶ月後に男児を出産しましたが、一体父親は誰だったのか……？　真相は藪《やぶ》の中です。いずれにせよ、天才科学者がいかにこの詐欺師に心酔していたのかが理解できる出来事です。仲良くやっていた二人でしたが、1589年にケリーはおそらく新たなビジネスのために遠方へと引っ越してしまい、それ以来二人が会うことはありませんでした。しかし、ディーのオカルトへの熱は冷めませんでした。

1603年、エリザベス1世が亡くなった後に即位したジェームズ1世は魔術やオカルトの類を非常に嫌っていました。このため、ディーの宮廷での影響力は大幅に弱まっていきます。ディーの財産は底を突き、生き延びるために持ち物を売らざるを得なくなりました。ディーは晩年を貧困の中で過ごしました。それでも彼は、必死に天使からの重要なメッセージを受け取ろうとし続けていたそうです。

まりんぬ's
コメント

ジョン・ディーはエリザベスの諜報部員でもありました。その際のコードネームは007！　そう、あのジェームズ・ボンドのコードネームの由来とも言われています。

全欧

17世紀の死を呼ぶ奇妙なお医者さん

「見ろ、あの男たちを。もうだめだ……私たちは死んでしまうのだろう」

17世紀のヨーロッパでは、とある奇妙な衣装をまとった男たちが街に現れると、人々は絶望の淵に追いやられました。男たちが身にまとっていたのは、ブーツ、手袋、蝋でコーティングしたロングコート、そして大きなマスクにはクチバシと水晶でできたメガネがついており、とても風変わりでした。得体の知れない恐ろしさを感じてしまいますが、この奇妙な一団は、実際には医者たちでした。そう、**「ペスト医師」**です。

14世紀にヨーロッパで大流行したペスト（黒死病）は、その後も何度か各地で流行し、17世紀に再びヨーロッパ全域で猛威を振るいます。例えば、ロンドンではおよそ7万人が死亡し、ナポリでは**5年間のうちに人口45万人のうちのおよそ20万人**が亡くなりました。人々はあまりの恐怖に「世界の終わりが来た……！」と噂しました。

こんな絶望的な状況の中、最前線で立ち向かっていたのがペスト医師たちです。彼らが街に現れた時、人々はその異様な姿から一目で事態が深刻であることを理解しました。この奇妙な防護服は、1619年にフランスの医師、シャルル・ド・ローム［1584〜1678］が考案しました。

長く伸びたくちばしの部分には、ラベンダーやミント、そして薔薇などの強烈な香りの花やハーブが詰められていました。頭部にはゴーグル、全身を覆うコートは蝋でコーティングされていて、足首までの長さがありました。さらに足には山羊革のブーツを履いていました。この奇妙な衣装が作られた背景には、当時の人々の病気に対する勘違いが深く関わっています。

17世紀のヨーロッパ人、特に教養深い医師たちは、恐ろしいペストの主要な原因を「**瘴気**《しょうき》」、

すなわち有害な空気によるものと考えていました。この瘴気は、腐敗した物質から発生すると信じられており、呼吸または皮膚を通じて人体に感染するとされていました。ペスト医師たちは、大きなクチバシに詰められたハーブの甘い香りや刺激的な香りがこの瘴気を中和し、その有害な影響から守ってくれると考えていたのです。

またペスト医師は、患者と適度な距離を保つために長い木製の棒も装備していました。この棒を使うことで、床に倒れている患者を直接手で触れることなく診察することができたのです。さらに、絶望的な状況に陥ったペスト患者が自暴自棄になり、周囲に迷惑をかける場合には、この棒を使って彼らを追い払うこともありました。

さて、ペストは瘴気によって広がるものと考えられていましたが、実際にはネズミからノミが媒介して広がるペスト菌が原因でした。ただし、この事実は後の研究によって明らかになったもので、当時の医師たちはそれを知るすべがありませんでした。しかし、偶然にも当時の医師たちが着ていた服は、**感染予防に一定の効果をもたらしていた**可能性があります。彼らの全身を覆う服装は、私たちが新型コロナウイルスのパンデミックを経験した中で見慣れた防護服のような効果を発揮していたのです。まさに、偶然の幸いと言えるでしょう。

ペスト医師たちは各地の行政から雇われ、貧富の差に関係なく医療行為を施していました。彼らは患者の苦しみを和らげ、可能な限りの救助を試みていました。しかし悲しいことに、彼らが使用した大部分の治療薬は効果がなく、また患者の腫れ上がったリンパ節から液体を抜いたりもしていましたが、これは逆に感染を広げることもありました。ペスト医師が現れた時、患者の運命はほとんど死に等しく、医師たちが実際にできたことは感染者数と死亡者数を記録することだけでした。また、彼らは遺言状の立会人となることを求められ、時にはこの恐ろしい病気の解明を目指し解剖に参加することもありました。

このような医師たちの命懸けの努力にもかかわらず、**彼らの出現はしばしば「死の前触れ」**とされました。彼らが現れると人々は恐怖のどん底に叩き落とされ、患者とその家族は自分の命が終わりに近づいていることを痛感し、深い絶望感に包まれました……。勇敢な医師たちには気の毒な話です。

現代では、ペスト医師たちの独特な姿は、特にハロウィーンやイタリアのお祭りなどで人気の定番衣装になっています。昔は恐怖の象徴だったペスト医師が、現在では異彩を放つファッションとして楽しまれているのは、数百年の歴史の中で人類がペストを乗り越え、医療を進化させた証拠でもあるのです。

まりんぬ's
コメント

ペスト医師の外見は、街で見かけるとトラウマ級に怖いのですが、中の人たちは本当に勇敢だったんですね。ちなみに1894年に日本人の医学博士、北里柴三郎がペスト菌を発見しています。

フランス

もしも死刑執行人の家に生まれたら……

シャルル・アンリ・サンソン［1739〜1806］は幼い頃にはすでに、実家の仕事が社会から軽蔑されていることを痛感していました。彼はフランス・パリの死刑執行人の家系の4代目であり、幼少期から家族の仕事内容を理解していました。当時の死刑執行人は世襲制度が存在し、また社会から隔離された場所で生活することを強いられ、人々から忌み嫌われていました。

「僕は処刑人じゃなくて医者になりたいんだ！」と、シャルル・アンリは将来に希望を抱き、死刑執行人の家業からの脱却を望みました。彼は優秀な頭脳を持ち、医師になる夢を叶えるために、身元を隠して遠く離れた学校に進学したのです。

しかし、それにもかかわらず家業についての噂は広がり、「あの子の親は死刑執行人だ」「子供をそんな奴と一緒の学校に置いておけない！」と、同級生の親から苦情が殺到してしまいます。結局彼は退学し、夢を断念せざるを得ませんでした。

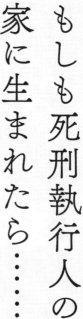

サンソン一家のルーツは、運命の大恋愛から始まります。通常、死刑執行人は死刑執行人の家同士で結婚する傾向がありました。ところがサンソン一家の初代当主、シャルル・サンソン・ド・ロンヴァル［1635〜1707］は、元々は死刑執行人とは全く関係のない軍人でした。旅先で世話をしてくれた娘に恋をしてしまい、その女性が死刑執行人の娘だったのです。彼女と添い遂げるためには彼女の父に弟子入りし、死刑執行人にならなければなりませんでした。

初代シャルルは一大決心をして彼女の家業を継ぐことを決意し、結婚しました。初めて処刑の手伝いをした際には失神するほどの衝撃を受けました。また不幸なことに、最愛の妻は出産時に命を落としてしまいます……。死刑執行人サンソン一家の物語は、こうして始まり、歴代の当主たちは、その運命に苦しみ、葛藤を抱き続けました。

さて、医者への道をあきらめたシャルル・アンリが4代目当主となったばかりの頃、大事件が起こります。1757年、フランス国王ルイ15世［1710〜1774］が暴漢に脇腹を刺されたのです。刺

シャルル・アンリ・サンソンの想像上の肖像画（1851年）。

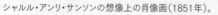

した男はロベール・フランソワ・ダミアンという人物で、事件前には反国王派の議員のもとで使用人をしていました。ロベールは影響されやすい性格で、議員たちの思想を狂信していました。

ダミアンには死刑が宣告されました。しかしながら、それは通常の死刑判決とは違っていました。**実に150年ぶりに「八つ裂きの刑」**が適用されることとなり、さらに数々の拷問も行われることが決定したのです。「最悪だ……こんなことになるとは」と、刑を執行しなければならないシャルル・アンリは絶望しました。150年ぶりの、誰も経験したことのない大掛かりな執行内容が自分にできるのだろうか？　彼は恐怖で押しつぶされそうになりました。

刑執行の日がやってきました。結論から言うと八つ裂きの刑はうまくいきませんでした。本来はダミアンの両手両足をロープで4頭の馬につなぎ別の方向へ引きあい、4つに引き裂く予定でした。しかし、2時間経っても身体は裂けず、彼の四肢は伸びているだけのように見えました。この地獄絵図を終わらせるために、シャルル・アンリは判事の許可を得て自らの剣を抜き、四肢に切り込みを入れて、なんとか刑を執行しました。この惨状に立ち会っていた親戚は、あまりの酷さに処刑人の仕事を廃業することを決意しています。一方、心優しきシャルル・アンリはこれを機に従来の死刑を改善しようと奔走するようになりました。

その後シャルル・アンリは、死刑執行時の身分の差による不平等の改善を訴えるギヨタン博士と出会いました。そして、彼と共に、より人道的な処刑ができるギロチンの開発に取り組むことになったのです。処刑方法を改良し、受刑者の苦痛を軽減し、さらに身分の差による苦痛の差をなくすために、シャルル・アンリは外科医や博士と協力し試作を繰り返しました。また国王ルイ16世にも相談し、後押しを受けながら、ついにギロチンは完成しました。それまで長年蔑まれてきたシャルル・アンリでしたが、王からの信頼を心の拠り所にして死刑執行人として王を支えることができ、感無量でした。その後、人道的なギロチンは民衆から受け入れられ、社会に浸透していきました。

しかし皮肉な運命がシャルル・アンリを待っていました。フランス革命が勃発し、1793年1月21日、彼は**自らの手で国王ルイ16世を処刑**することになったのです。これにより、彼は生涯罪悪感と葛藤に苛まれることとなりました。革命の波は続き、シャルル・アンリはわずか1年間で2000人以上の処刑を実行することになりました。その後彼は精神的な限界を感じ、引退を決意したのでした。

まりんぬ's コメント

シャルル・アンリは熱心な死刑廃止論者でもありました。結局実現はせず、史上二番目に多く死刑を執行しています。

イギリス

闇夜に墓場に現れる〝死体盗掘人〟とは？

「よし、今夜も思いっきり盗んでいこうじゃないか」

怪しい男たちが墓場で囁き合いました。

イギリスでは、18世紀から19世紀にかけて、夜な夜な男たちが墓場に姿を現し、窃盗行為を繰り返していました。棺には、亡くなった人々のために納められた宝石や貴重な品々が輝いていました。しかし、彼らはそれらには手を触れません。一体何を盗み出していたのかと言えば、**墓で眠る遺体**でした。当時、遺体は誰のものでもなく、法で裁かれる対象でもなかったため、盗んでも罰せられることはありませんでした。**遺体は高値で取引**されており、1体につき数ヶ月分の生活費が稼げてしまう場合もあり、まさにボロ儲け仕事でした。そのため、次第に遺体強奪が盛んになってしまったのです。これを阻止しようと、金持ちは石で墓を作り、果ては家族の遺体を守ろうと夜通し見張りをする人たちも現れました。

また、ある理由により、遺体は新鮮であることが求められていたので、死体盗掘人たちは地域の人の死の情報を手に入れるのに躍起になっていました。葬式が終わり、遺体が墓に埋められるとすぐに掘り出します。穴を掘り地下に潜り込み、棺を破壊して、遺体の首にロープを引っ掛けて引きずり出していました。

それでは、盗んだ遺体はどこへ運ばれたのでしょうか? 実は、遺体を買い取っていたのは医者でした。医学の研究や解剖学の教育のためには、遺体が必要不可欠だったのです。

しかしながら、この時代は宗教上の理由で**解剖はタブー**とされていて、遺体を手に入れることは非常に困難でした。さらに解剖されることは最悪の罰のひとつとして考えられており、例えばイングランド王ヘンリ8世［1491〜1547］は、年にわずか4人しか重罪犯の解剖を許可していなかったほどです。

時代が進むにつれ、解剖学に対する関心が高まり、人々は解剖に対する興味を持つようになりました。けれど年に数人の解剖

死体を盗んだことが罪として鞭打たれるケースもあった。

だけでは需要を満たせません。

そこで、医者たちは死体盗掘人から遺体を買い取ることで解剖の材料を調達するようになったのです。しかし、この取引は秘密裏に行われる必要がありました。医者たちは遺体を運ぶ際に、遺体が入っていることを隠すために様々な手段を講じました。例えば、遺体が入った小包を運ぶ際には、外見を普通の荷物に見せるために「農産物」や「ガラス、割れ物注意」といった**フェイクの表示**を施しました。また、遺体を運ぶ人々も夜間や人目を避けるように行動し、できるだけ目立たないようにしました。


1827年、スコットランドに住むウィリアム・ヘアという男の家の下宿人である老人が、家賃を滞納したまま亡くなってしまいます。ヘアは彼の遺体を発見した際、「最悪だ！　金を払わずに死んでしまった！」と激怒しました。そして友人のバークに愚痴をこぼすと、バークはあるアイデアを思いつきました。「老人の死体を大学に売ってしまおうぜ」と言い出したのです。

二人は老人の遺体をエジンバラ大学に持ち込みました。すると外科医たちは、その遺体を現代の価値に換算すると**10万円で買い取る**と申し出ました。バークとヘアは思いもしない臨時収入に大喜び。そして彼らは「死体を運べばこんなに稼げるなんて最高だよな……？」と黒い思惑を巡らせることになったのです……。

その後、強欲なバークとヘアは、ホームレス、女性、老人などを次々と狙い、凶行に及びました。彼らは**わずか10ヶ月の間に少なくとも16人を殺害**し、その遺体を大学に売りさばいたとされています。彼らは金儲けのために非情な手段を選び、人々の命を軽んじた行動を繰り返したのです。この一連の犯罪は後に「**バークとヘア殺人事件**」として知られることになりました。

その後、バークは逮捕され、裁判で有罪判決を受けました。彼は絞首刑に処され、自身の犯した凶悪な行為の代償を払うこととなりました。皮肉なことに、彼の遺体は解剖の対象となりました。一方、ヘアに関しては彼が全ての罪を自白したため、死刑を免れました。しかし、彼のその後の運命についてははっきりとは分かっておらず、行方知れずとなっています……。

この事件が発覚したことにより、イギリス各地で同様の不穏な殺人事件が多発し、人々は「殺されて売られるかもしれない」という恐怖に震えました。

このような社会的な背景から1832年に解剖学法が制定され、貧困により埋葬できない、身寄りのない病人などの引き取り手のない遺体が、医者や学者たちに提供されることとなりました。怪しい手段で死体を入手する必要性はなくなり、遺体を倫理的に、かつ合法的に入手できるようになり、医学の教育や研究が発展することとなったのです。

まりんぬ's
コメント

死体が売れるならば死体を作ってしまおう！　とは恐ろしい思考回路ですよね。私たちの受けている医療は、こういったさまざまな試練や、倫理的な問題に直面してきた結果なのです。

フランス・スウェーデン

食欲に人生を支配された300年前のフードファイターたち

鉄の胃袋の持ち主

「もうお前に食べさせる飯はないよ！　出ていっておくれ！」と、1790年ごろのフランスのある家庭で、両親は17歳の息子タラレ［1772～1798］を追い出しました。見た目は痩せていましたが、彼は正真正銘の大食いであり、いつも腹を空かせていました。両親はタラレのあまりの食欲についに息子に十分な食事を提供することができなくなってしまったのです。

そこで、タラレはどうしたのか？　なんと、食欲を満たすために旅の興行団に身を投じました。彼は**「なんでも食べるスゴイ男」**として観客を魅了しました。**バスケット一杯のりんごを頬に詰め込んだり、石やコルクを食べたり**という驚きのパフォーマンスを披露。さらに、生きた犬や猫にかじりつき、生きたままの鰻を丸呑みする姿も見せました。それを見た観客たちは驚嘆と恐怖の入り混じった悲鳴を上げました。

その後、フランス革命戦争が勃発し、タラレは軍に入隊しました。しかし、軍から配給された食事では彼の食欲をまかなうには遠く及びませんでした。飢えたタラレはすぐに体調を崩し、病気になってしまいました。彼は病院に収容されましたが、食べ物への渇望は抑えきれません。病院での滞在中に我慢できなくなり、野良猫を捕まえて食べてしまいました。**生きた猫を一匹残らず食べつくす姿**に、病院の職員たちは驚きと恐怖を覚えました。

しかし、この出来事を知った医師がタラレに興味を抱きました。彼はタラレに15人前の食事、生きた猫やトカゲなどさまざまな食べ物を与え、その反応を観察・記録しました。タラレの食欲や消化能力は、当時の医学の視点からは非常に珍しいものであり、研究の対象となったのです。

やがて、軍の将軍が「なんでも食べてしまうタラレに、軍の秘密の手紙を飲ませて運ばせるのはどうか？」という案を思いつきました。特殊能力を生かした大きな仕事です。満を持してタラレは、軍のメッセンジャーとして、農民のふりをして敵のドイツ軍がいる戦場に向かいました。しかし、実はタラレは**その食生活からか体から異臭を放っており**、逆に目立ってしまいます。さらに、ドイツ人の農民を演じているにもかかわらずドイツ語を話すことができず、すぐに捕まってしまいました。彼の任務はあっさりと失敗し、投獄されましたがやがて釈放され、フランスに戻ることができました。その後、タラレは結核で亡くなりました。

食べ過ぎで死んだ王

18世紀のヨーロッパで知られたもう一人の大食漢は、スウェーデン国王アドルフ・フレドリク［1710〜1771］です。彼は王家の公子で、長い間司教の地位に就いた後、ロシアの要請により1751年にスウェーデン王となりました。しかし、彼の治世では実権は議会が握っており、アドルフ自身はほとんど権力を持たず、2度にわたり議会から権力を奪おうと試みましたが、成功しませんでした。このように、全く目立つ存在ではない王アドルフですが、人生最後の日に食べ過ぎてしまい、以後、唯一無二の食べ過ぎで死んだ王として永遠に語り継がれることになるのです。

アドルフは食欲旺盛で有名でした。中でも大好物だったのがセムラというデザートです。**セムラはスウェーデンの伝統的な菓子パン**で、カルダモンのスパイスが効いた丸いパンの間に、アーモンドペースト、そしてたっぷりのホイップクリームを挟み、可愛らしいパンの上蓋を載せたものです。この甘美なデザートを楽しむことがアドルフの生活を豊かにしていました。そして、彼は王であったがために、好きなだけその大好物を食べることができたのでした。

1771年2月12日、王はロブスターやキャビア、シャンパンなどの豪華な宮廷の食事を楽しんでいました。この日はスウェーデンの宗教的なお祝いの日だったので、王はついつい食べすぎてしまいます。

食事の後に、大好物のセムラが運ばれてきました。「やっぱり最高に美味しいな！」と王は大喜びで、クリームたっぷりのパンにかじりつきました。そこで王は我慢できず……なんと14個のセムラを食べたと言われています。

その夜、アドルフはひどい腹痛に襲われ、医師が呼ばれましたが、すぐに息を引き取ってしまいました。死因は明確ではありませんが、人々は口々に「**セムラを食べすぎて亡くなったのだ**」と噂しました。そしてそれから現代までの250年の間、人々はセムラを食べる際にこの変わった逸話を語り継ぐようになり、アドルフ・フレドリクは伝説の存在となったのです。

まりんぬ's コメント

最後の日まで、大好物を好きなだけ食べた……こんな幸せはなかなかありませんよね？　美味しそうなセムラは、現代ではクリスマスからイースターまでの間によく楽しまれているそうです♪

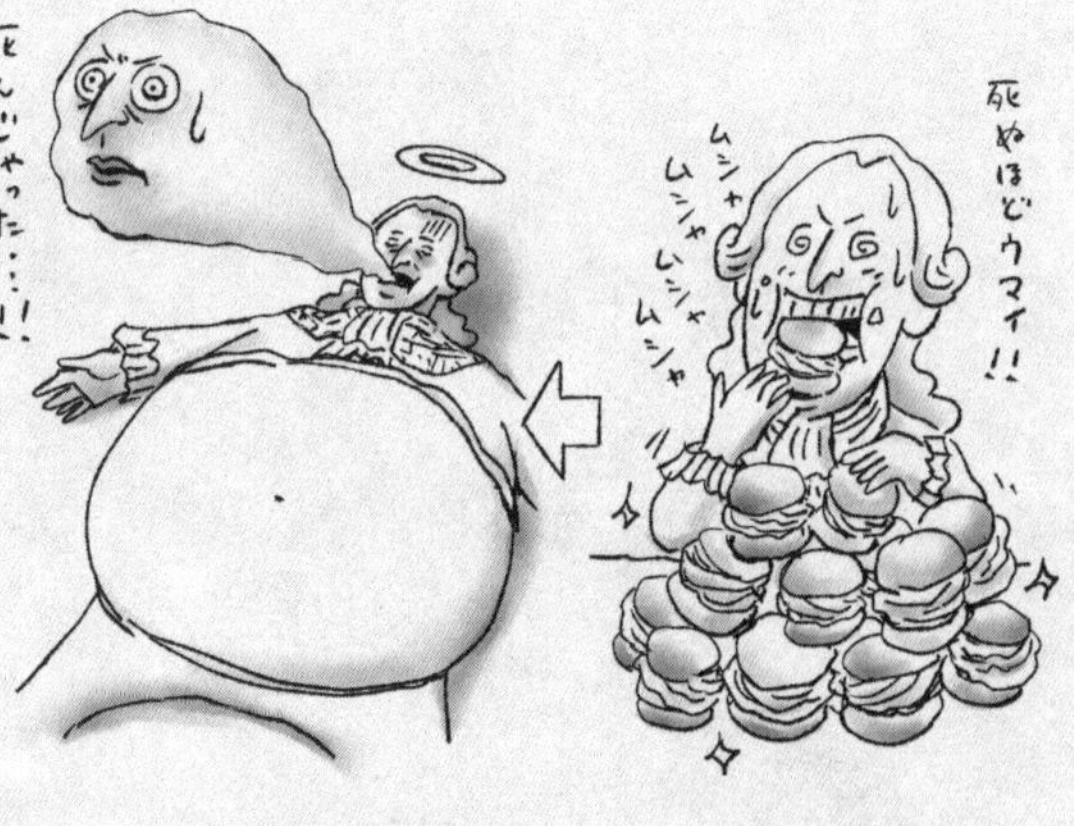

王家・皇帝

貴族

庶民

全欧

現代にはなくてよかった……かつて存在した奇妙な職業

イギリスで1837年から始まったヴィクトリア王朝。その優雅で美しいスタイルは、今も私たちを魅了しています。しかし、この時代は上流階級に生まれない限り、疫病や貧富の差が貧しい人々を苦しめ非常に困難な運命が待ち受けていました。今回は、そんなヴィクトリア王朝時代に存在した、今では信じられないような職業についてご紹介します。

マッチ作りの少女

有名なアンデルセン童話の『マッチ売りの少女』は、寒空の下で裸足でマッチを売り続けるも全く売れずに、暖かな幻影を見ながら凍死してしまう……という悲しい物語です。実はこの物語が作られた時代には、マッチ作りをしていた少女たちがさらなる悲劇的な経験をしていました。

マッチは1826年にイギリスでジョン・ウォーカーという化学者によって発明されました。

ピストルに使うためのペーストの実験をしていた際に、摩擦により偶然火がついたことから、マッチの原型が誕生したのです。残念なことにウォーカーは、この発明に関して特許を取らず、結果として大きな利益を逃してしまいました。その後、着火性の悪かったウォーカーのマッチはフランスのシャルル・ソーリアが発明した黄りんマッチに変わっていきます。

マッチの発明以前、人々は火打石を使って着火させる方法を用いていました。現代の私たちからすると、大変な暮らしですよね。それがマッチの登場によって、火をつけることがとても簡単になりました。まさに人々の生活に革命をもたらしたのです。

「もうマッチなしでは生きていけない！」「最高だ」とマッチの需要が急激に高まり、イギリス国内ではマッチの製造が盛んになりました。数百もの工場が次々に建てられ、そこでは主に**子供たちや女性たちが長時間働いていました**。彼らは木片をリンが調合された液体に浸し、それを乾燥させてから細かく切断してマッチ棒を作っていました。しかし、マッチの大量生産が始まってからしばらくして、謎の病気が発生するようになったのです。

まず歯と顎が痛み出し、それから下顎がだんだん腫れ上がり、やがて顎の骨が損傷し、壊死します。脳の障害を引き起こすこともありました。また、彼らの歯茎は、暗い場所では緑がかった白色に光ったのです。この顎は「**白リン顎**」と呼ばれ、多くの人が被害に遭いました。後にこの病気は白リンを吸い込んだことが原因であると判明します。ちなみに赤リンを使用すれば防ぐことができたのですが、赤リンは高価でした。工場で働く人々は抗議行動を起こしましたが、マッチ工場での白リンが使用禁止となったのは１９１０年になってからでした。およそ80

王家・皇帝
貴族
庶民

年にわたって貧しい人々は勤務先の工場で、有害なリンを吸い込み続けていたのでした……。

愛する人が亡くなり、悲しみに暮れて葬式の準備をしている最中に「ああ、でもこの人は生前は結構悪いこともしていたんだったわ大変！　このままでは天国には行けないわ！」と心配になったら……。ヴィクトリア王朝の人々は、ある男に連絡をしていました。

罪食い人　あなたの罪を代わりに背負います

その葬式には変わったお客が登場します。それは、貧しい身なりの見知らぬ男でした。この家族とは縁もゆかりもない男性は「罪食い人」と呼ばれ、なんと**故人の生前の罪を、代わりに背負ってくれる**のです。なんという都合の良い話なのでしょうか。そして清廉潔白となった故人はめでたく天国へ旅立てるのでした。

罪食い人は一般的に貧しい人や物乞いたちが務めていました。遺族に呼び出された罪食い人は、亡骸の上に置かれたパンを食べたりビールやワインを飲んだりすることによって、故人の罪を受け継ぐことができると考えられていました。その代金は、**数百円程度**だったと言われています。

イングランド国教会の信者たちは日頃から、「罪」について非常に心配していました。人は罪から解放されなければ天国へは行けない、また罪を神父に告白すれば神の赦しを得ることができるとも考えられていました。もちろん、教会はこのような罪食い人の存在を認めてはいませんでしたが、罪の負い目から救われる必要悪として受け入れられていたのです。
しかしながら、自分を犠牲にして他人の罪を代わりに被ってくれるというありがたい存在であるにもかかわらず、罪食い人は人々から忌み嫌われていました。例えば、ヴィクトリア王朝より少し後の1926年に書かれた本『葬儀の慣習（Funeral Customs）』によれば、1825年に目撃された罪食い人は、街ではあからさまに避けられ、基本的には離れた場所でひとりぼっちで生活していたそうです。というのも、彼らは悪霊や魔術と関連していると考えられていたからです。そして人々は、誰かが亡くなった時だけ彼らを呼び出すのでした……。まったく、自分勝手な話ですね。

ヒルがヨーロッパで大人気！　さあ稼ごう！

19世紀のヨーロッパでは、ヒルの需要が急激

ヒルによる治療をする女性（1638年）。

に高まりました。あの小さな生物が大きなビジネスの商品となり、数千万匹が取引されるほどでした。なぜそんなものが必要とされたのでしょうか？

今から考えると信じられないことですが、古代エジプトをはじめ、何千年も前から人々は瀉《しゃ》血《けつ》という治療法を行っていました。悪い血を流せば、ペストからニキビまでさまざまな症状が治ると信じられていたのです。一般的には首や腕の静脈や動脈を切開して血を流すというやり方でしたが、時には過剰となり、失血死につながることもありました。そしてこの瀉血の際に、出血の量をコントロールしやすく便利であるという理由で、ヒルが使われることもあったのです。19世紀のヨーロッパでは、ヒルを使った瀉血が一大ブームとなりました。「ヒル治療は万能で頭痛、気管支炎、チフス、そして赤痢も全部治ってしまう！」と考えられており、大衆は飛びつきました。もちろん、そんなことはあり得ないのですが……。

例えばフランスのある医師は、一度の治療に50匹のヒルを使用し、患者の血を抜くことで知られていました。そのため彼には**「医学界の吸血鬼」**という非常にカッコイイ異名がつけられていました。ヒルはやがてステータスシンボルとなり、薬屋では美しい芸術品のような陶器にヒルが入れられて保管されていました。

急激に需要が高まったヒル事業の末端には、**ヒルコレクター**と呼ばれるヒル採集に従事する人々もいました。彼らは貧しく、中には老人もいました。スカートやズボンをまくり上げ、汚れた池に入ってヒルを収集しました。水草や沈殿物により歩行が困難な場所でしたが、彼らは杖で植物を揺らしてヒルを刺激し、ヒルに自分の足を噛まれるのを待ちます。時には馬を池に入れてヒルを集めることもありました。皮膚に付着したヒルは剥がされて容器に入れられますが、彼らはヒルに長時間吸われたり噛まれたりすることで酷い失血を経験することもありました……。また常に不潔な水の中にいたため、ヒルに噛まれた傷口から感染症にかかることもありました。

ヒル収集は大規模なビジネスとなり、乱獲が行われるようになりました。その結果、アイルランド、オランダ、イングランドなどでは医療用ヒルが絶滅寸前に追い込まれてしまいました。貧困に苦しむヒルコレクターたちは、ヒルを求めて池を歩き続けましたが、やがてヒルは見つからなくなってしまいました。その後ヒルの養殖が行われるようになり、数千万匹のヒルが各国に輸出されました。しかし19世紀の終わりに、医学会が瀉血の効果の無さを認識するようになると、ヒルは薬屋から姿を消し、ヒルを収納していた陶器は古物商で取引されるようになってしまいました。

夜の下水道に現れる男衆！　下水ハンター

日が暮れると、ロンドンの下水道にはランタンを持った怪しい男たちが集まります。彼らは脂ぎったロングコートを身にまとい、汚れたズボンと古びた靴を履いていました。通称「トシャー（tosher）」と呼ばれている彼らは、下水ハンターとして知られていました。彼らの目的は下水道の中から貴重な品物を見つけ出すことです。不潔な汚水を手でかき回し、**食器、銀のカトラリー、コイン、そして幸運な時はジュエリー**を拾っていました。絶望的な職場環境ではありますが、彼らは当時の労働者階級の中では高収入でした。

19世紀のロンドンの下水道は非常に危険な場所でした。長年の増築によって複雑に入り組み、老朽化した箇所もあり、触れてしまうだけで生き埋めになる恐れもありました。さらに有毒なガスが大量に蓄積している箇所もあり、誤って吸ってしまうと即座に命を落としてしまう危険があったのです。

この地獄のような環境の中で、下水ハンターたちにとって最も恐れられた存在がネズミでした。下水道は不潔なネズミの巣窟であり、彼らは侵入者の顔や足に向かって、ピョンピョン飛びかかって襲ってくることで知られていました。ヘンリー・メイヒューというジャーナリストによる下水ハンターへのインタビューでも、ある下水ハンターが無数のネズミに襲われ、その後骨だけが発見されたという事件が語られました。……なんとも恐ろしい職場です。こういった下水道でのさまざまな危険を回避するために、下水ハンターたちはグループで行動していました。

彼らの中には**60歳から80歳くらいの高齢者**も存在していました。下水ハンターたちは日々の活動で体を動かすため、体力があり、健康な状態を保っていたのです。彼らは長年の経験と知識を活かし、危険な場所を避けつつ、コインや貴重なアイテムが多く存在するエリアを探しました。その結果、商売繁盛につながり、不衛生な職場環境にもかかわらず、彼らは長寿を全うすることができたのだそうです。

まりんぬ's
コメント

ほかにも19世紀のヨーロッパには「目覚まし屋」街頭に明かりをつけて回る「ランプライター」など現在ではありえない奇妙な職業がたくさんありました。

全欧・アメリカ

衝撃の趣味三選 19世紀のカオスな楽しみ

あなたは休みの日には何をして過ごしますか？ 19世紀のヨーロッパやアメリカの人々はかなり独特な趣味を持っていました。当時の不思議な習慣を覗いていきましょう！

科学の黎明期にオカルトなブーム

「週末、またいつものメンバーで集まりましょうね！」「いやぁ、今から楽しみです」と、現代でもよくこんな会話を交わしますが、19世紀の人々も集まることは好きでした。しかし、その目的は一味違いました。彼らは、死者と交信する降霊術のセッションを開催して楽しんでいたのでした！

19世紀半ばから20世紀初頭まで、欧米では降霊会が大流行し、多くの人々が、幽霊との交信を試みました。自宅で仲の良いメンバーで集まって小さな降霊会を開いたり、また霊媒師のステージを楽しんだりしていました。霊媒師は、死者からのメッセージを伝えたり、テーブルを浮かせたり、光を発したり……。そして、あの有名探偵の生みの親さえも、例外ではありません。

シャーロック・ホームズの生みの親、アーサー・コナン・ドイル［1859〜1930］は作家であり医師でもありました。当初はこのブームに対して懐疑的で「**この世で最大のナンセンス**」と考えていました。ところがその後出席したセッションで、彼がイメージしていたことを友人がスケッチしたことで、この世界に興味を持つようになりました。数多くの降霊会に参加し、超常現象の研究に夢中になりました。スピリチュアリズムに関する執筆や講演も行いました。

国中を動かした魅惑の植物

イギリスで大流行したあるパーティーは、現代の私たちにとっては苦痛の時間かもしれません。それはシダ狩りパーティーです。人々はシダ植物、そしてシダ植物に似た形状のものに対して、狂気的に夢中になっていました。「シダ狂い」という言葉が生まれたほどです。それにしても、一体なぜこのようなカオスな状況が生まれたのでしょうか？

まず19世紀前半に「**博識なエリートのための植物**」という売り込みで、エキゾチックなシダ植物が販売され始めました。そう、イケてる人の家には、シダ植物が欠かせないのです。このマーケティングを仕掛けたのは、植物学者のジョージ・ロディゲス［1784〜1846］で、彼は巨大な植物温室園を作り集客しようと考えていたのです。この作戦は大成功し、その後すぐにシダは全国的な大ブームとなりました。

お金持ちたちは「**シダハンター**」となり、シダの多い国内の田舎、さらには西インド諸島や中央アメリカまで探検に出かけました。「自慢できる、最高のシダ植物を見つけるわよ!」と、彼らは意気込んでいました。幸い当時はガラスが一般化してテラリウムも登場していたので、いい状態を保ったまま遠征先からシダを運搬できるようになっていました。そして持ち帰ったシダを最高の状態で飾るべく、庭に洞窟や温室を建ててシダ園を作ったのです。またお金のない人々は、押し花ならぬ「**押しシダ**」を作って、アルバムに貼り付けていました。シダでいっぱいになったアルバムは、心躍るアイテムでした!

そして、シダ植物だけでは満足できなかったのか、シダ植物の柄を使用したお皿、家具、そしてお菓子の模様まで、あらゆるものがシダモチーフで溢れました。まさにシダ狂いの名にふさわしいですね。

悪趣味な観光名所

1871年のプロイセン・フランス(普仏)戦争でドイツに敗れたフランスは、不景気も相まって暗い空気に包まれていました。当時のパリの人々は**死体安置所に行くことが大好き**でした。新聞に不可解な事件や陰惨な事件が載ると、「やばい事件が起きた! これは大変だ! 行かなくっちゃ!」と、被害者の遺体を見ようと死体安置所に押しかけたのです。この建物は、市民の協力を得て身元不明の遺体の身元を確認する目的で存在しており、大人数が入場できるようになっていました。しかし、その実態は完全に見せ物になっており、毎日老若男女が押し寄せ、死体の前でああでもないこうでもないと噂話を楽しみました。**人気スポットとして観光ガイドブックに載っていた**ほどです。フランスを代表する作家、エミール・ゾラ〔1840〜1902〕はこんな風に述べています。「死体安置所は貧乏人も、金持ちもタダで見られる見せ物だ。入りたい人は、誰でも入れるのだ」
ところが19世紀末から景気が回復、ベルエポック（良き時代）という華やかな時代となり、街には娯楽があふれるようになります。死体安置所のような暗いところへわざわざ足を運ばなくても、楽しく過ごせるようになりました。さらに20世紀に入ると人々のモラルも向上し、地元企業やマスコミからも苦情を受けるようになってしまい、死体安置所の一般公開は廃止となりました。

まりんぬ's
\コメント/

イギリスにはもともとプラントハンターがいるほど植物好きがいますが、これは調査航海で植物を収集していたダーウィンがきっかけと言われています。

イギリス

受診したらほぼ死にます ホラーな病院にようこそ

19世紀のイギリスのとある病院。手術室にいるあなたの目の前にベテランの医師は恐ろしい姿で現れます。たっぷりと血のついた汚れた服を着て、ポケットには手術で使う器具が無造作に突っ込まれています。そして「この服の血が見えますか？　今までにたくさんの手術を行った証拠です！」と、誇らしげな顔。その手は洗われてすらいません。

当時の病院関係者は、清潔さや衛生に関してまるで無頓着でした。それを象徴する出来事として、1825年にロンドンのセントジョージ病院を訪れた人はあるとんでもないものを目撃しています。それは、**入院患者の寝具に生えていた……キノコ**でした！　さらにはウジも繁殖していましたが、こういったことは当時はとるに足らないことでした。死体を解剖していた外科医は、その最中に「ちょっと出産手伝って！　人手が足りないや」と頼まれれば、手すら洗わずそのまま分娩の介助も行っていました。

当時、手洗いという行為は全く浸透しておらず、手洗いを提唱しようものなら「こいつ、何言ってんだ？」と、軽蔑され医師のキャリアに傷がつく可能性すらありました。ちなみに、人間の皮膚には1㎝四方に約10万個の常在菌が存在しています。ということで、手洗いをしない医師の手によって、感染症が蔓延していました。1840年代のイングランドとウェールズでは、感染による産褥熱で毎年1000人以上の女性が亡くなり、また入院患者の死亡率は自宅療養者の3倍から5倍になり、病院は死の家と呼ばれていました。

まだまだ恐ろしいエピソードには事欠きません。病院のシーツは交換されず、医者たちは医療器具をポケットに入れて

持ち歩き、恐ろしいことに医者によっては、包帯などを再利用していました。そして外科医たちの手術着はさらに悲惨でした。乾いた血液、そして膿が固まった臭い服に袖を通していたのです！　**汚れた手術着、それはまさにベテランの証**でした。手術着が汚れていれば汚れているほど、手術を何度も経験した証明になるのです。「俺は引退だ。君にこれを授けよう！」と、先輩医師が熟成させた手術着を後輩に譲ることもありました。

さて、当時の手術は麻酔や輸血が存在せず不潔な空間で行われ、患者にとってはトラウマになってしまうような地獄の体験でした。中には、手術の痛みは患者を生かすために必要なものだと思っている外科医もいました。そのため、手術は出血や痛みを最小限に抑えるために、迅速に行われることが求められました。また手術は公開されることもあり、熱心な医学生や一般市民などの見物人が手術室に詰めかけました。

この時代の天才外科医として名高かったのがロバート・リストン医師［1794～1847］です。恐ろしいことに、**当時は外科医の手術により4人に1人が命を落としていました**。しかしリストン医師の場合はこれが6人に1人となり、生存率が上がったのです。ただし手術の後には感染症が待ち受けていたため、生きて無事退院できる確率は50％でした。リストン医師はこの時代には珍しく衛生に関して感度が高く、手を洗い、清潔なエプロンをつけて手術に臨んでいました。また、彼の一番の強みは処置の驚異的な速さでした。助手が患者を押さえつけ、リストンは左手で止血をしながら右手の切断用ナイフで肉と骨を切りました。なんと、わずか30

秒で患者の脚を切り落としたと言われています。麻酔のない時代に、迅速な処置は患者にとっては最も望ましいことでした。

しかし名医のリストンでも、いつも手術がうまくいくわけではありませんでした。あまりにスピーディなので、患者の脚の切断中に勢い余って睾丸を切り落としたこともあります。またリストンは、**外科手術史上初の死亡率300パーセント**という衝撃的な手術を行ったことでも有名です。その日もリストンは電光石火のごとく、患者の脚を30秒以下で切断する手術を執り行っていたのですが、その際に勢い余って助手の指も切り落としてしまいました。その結果、患者と助手は感染症で死亡し、さらにその地獄絵図を見ていた見物人もショックで倒れ、死亡。この一件は、ひとつの手術で3人が死亡するという衝撃的な結末を迎えたのです。

このような悲惨な医療現場でしたが、その後1860年にジョセフ・リスター「1827〜1912」という若い医師が、目に見えない細菌が感染症を引き起こし、患者を死に至らしめる要因であることに気づきました。その後リスターは防腐剤の発見と使用によって、医学の未来を変えました。病院は恐ろしい場所から人々を生かす場所へと変わったのです。

まりんぬ's
コメント

当時、手術を受ける人々は、死を覚悟して病院に向かっていました。また病院は、埋葬費を持参した患者しか入院させせない場合もあったとか。まさに死の家だったのです。

王家・皇帝

貴族

庶民

アメリカ

武闘派にギャンブラー!?国のトップに立つ個性的すぎる二人

ストリートファイターの大統領

エイブラハム・リンカン［1809~1865］はアメリカの第16代大統領です。1863年にリンカンは奴隷解放宣言に署名し、その後憲法は修正されました。こうしてアメリカ合衆国で虐げられていたすべての奴隷を自由にしたリンカンは、まさに歴史に名を残す伝説的な人物となりました。

物腰柔らかく、優しげな印象のリンカンですが、実は彼は……**最強のレスラー**だったのです！彼は少年時代から「キャッチ・アズ・キャッチ・キャン」というアマチュアレスリングの原点、そしてプロレスの源流ともいわれるレスリングの一種で活躍していました。開拓時代のうるさく野蛮な村に住み、農作業がない時には民間のレスリングの試合に出場して、12年間で参戦したおよそ300試合のうち、1回しか負けたことがないスーパーレスラーだったのです。

リンカンは正義の武闘派であり、彼は自身の力を人々のために使うことを信条としていました。そして、伝説的な一戦が生まれることになります！

当時リンカンは21歳で、独学で法律を勉強し、雑貨店の店員として生計を立てていました。彼の住む街では地元の不良軍団が悪さをしていました。彼らは人々を樽に詰めて蓋をし、坂道から転がすなどの悪質な行為を行っていました。そして地域の人から頼まれ、リンカンはこの恐ろしいクソガキ集団に対抗し、街の秩序を守るために不良リーダーのジャック・アームストロングと試合をすることになったのでした。ちなみにジャックは牛のように強いと有名でしたが、対するリンカンも身長193cmで怪力の持ち主と言われていました。

不良リーダーのジャックとリンカンの対戦の日、多くの観衆が集まりました。試合が始まるとすぐに、ジャックが反則技を使ったため、リンカンは激怒したと伝えられていま

す。この戦いの結果については、さまざまな証言が存在し、リンカンがジャックを投げ飛ばして勝利したというものや、逆に負けてしまったというものもあります。しかし、最終的にジャックは「リンカン……お前、最高の男だよ！」と宣言しました。

この試合の結果、リンカンは不良集団のボスや地域の人々の心を掴み、街全体からの支持を得ることに成功しました。彼の勇敢さや正義感は人々に感銘を与え、彼を信頼するようになったのです。

ちなみに1992年にリンカンは生前の戦歴が評価され、全米レスリング殿堂博物館に**「スゴいアメリカ人」**として表彰されました。

鈍すぎるギャンブラー大統領

「スリーカードだ」「ふふふ、俺の手札はストレートフラッシュ！」男たちが集まり、毎晩のようにポーカーに興じています。なんと彼らの集まっている場所は……国の最高機関、**ホワイトハウス**でした。

ウォレン・ハーディング［1865〜1923］はアメリカの第29代大統領です。彼は膨大な仕事のストレスを発散するために、しばしば昔から仲の良い政治家や商人の悪友たちを集めてギャンブルを楽しんでいました。当時のアメリカは禁酒法が始まったばかりでしたが、にもかかわらずハーディングはこの来客に酒を振る舞っていました。彼らの様子は常軌を逸しており、セオドア・ローズヴェルトの娘アリスは「書斎は取り巻きだらけで、タバコの煙が充満し、あらゆる銘柄のウイスキーが並べられ、手元にはカードとチップが置かれ、机の上には男たちの足と痰壺が置かれていました」と語り、その様子はまるで治安の悪い賭場のようでした。さらにハーディングは賭け事に熱中し、ホワイトハウスの食器一式を賭けて負けてしまったこともありました。彼はあらゆるものを賭けに出し、ギャンブルに身を任せました。

　またハーディングは、大統領として友人を選ぶのに失敗した人物でもありました。彼自身は政治に誠心誠意向き合っていましたが、友人たちの行動に関してはとてつもなく鈍かったのです。彼のギャンブル仲間はモラルに欠け、マスコミから「オハイオ・ギャング」と呼ばれる**悪徳政治家集団**でした。オハイオ・ギャングのメンバーのほとんどは、ハーディングがまだパッとしないオハイオ州の議員をやっていた頃からの取り巻きで、彼の力によって政府の要職についていたのです。彼らは、違法な取引や数十億円相当の賄賂を集め、汚職の限りを尽くしていました。

　ハーディングは、ハンサムで人当たりが良く、在職中は男性からも女性からも好かれる存在でした。しかしながら彼の死後に悪友たちの汚職が暴かれ、今では最悪な大統領の一人に名を連ねることになってしまったのでした。

まりんめ's
コメント

そのほかにもオウムに汚い言葉を教えた人や、ひたすらに自分の巨大な陰部を自慢した人など、歴代のアメリカ大統領には愉快な人たちが沢山存在しています。

王家・皇帝
貴族
庶民

アメリカ

天才の異常な私生活
やばすぎる発明王・エジソン

あなたはもしも就職試験でスープを出されたら……どうしますか？

トーマス・エジソン［1847～1931］の研究所では、研究職の採用試験の際にエジソン自身が登場し、候補者にレストランでスープを食べさせました。そして、もしも候補者がスープの味を確認せずに塩や胡椒で味付けしてしまうと、不採用にするという厳しい規定を設けていました。なぜなら、彼は思い込みのある研究者を好まなかったのです。

エジソンはトライアンドエラーの精神を持つ天才で、生涯で1093件もの特許を取得しました。その発明の一例には、白熱電球、蓄音機、映画鑑賞装置、電話の改良などがあります。

意外なことに、エジソンは大学に進学しませんでした。実際には人生の中でわずか5年間しか学校に通ったことがありません。彼は「私は失敗したことがない。1万通りのうまくいかない方法を見つけただけさ」と語り、1日に18時間働くという驚異的な努力をしていました。そんな語り継がれる天才には、知られざるダークな一面がありました。

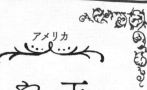

実はエジソンには、どうしても倒したいライバルがいました。そのライバルとはニコラ・テスラ［1856〜1943］という同時代の天才科学者です。ちなみに、彼も変わり者で、鳩や数字の3が大好きでした。

当時、エジソンは電気の直流型白熱電球を開発し、直流の発電システムを構築して発電所を建設し続けていました。一方、テスラは交流電流の研究をしており、低コストで長距離送電に向いている交流電流を社会に広めたいと考えていました。この時期、実用的な電力供給システムが導入され始めており、直流と交流のどちらが標準となるかに関して電流戦争が勃発しました。

「テスラめ……許せない！　徹底的に**ネガティブキャンペーン**してやる」と、エジソンはライバルの評判を落とすことに決めました。そして、テスラの交流電流がいかに

ここまでするかね…
するっしょ
交流はキケンでSHOW
ひーっ!!

危険であるかを世間に知らしめるための策を練りました。彼は観客を集め、野良犬や馬を交流電流で殺してしまう感電死イベントを開催したのでした！

さらに「交流を使ったら死んでしまうんだわ！」「なんて残酷なんだろう」と、人々に信じ込ませるために、エジソンは死刑を利用することにしました。発明家ハロルド・ブラウン［1869～1932］が処刑用の電気椅子の開発をしていたので、エジソンはその設計に交流電流を使うよう**裏で資金提供**します。エジソンのアシストにより、交流が使われた電気椅子が製作され、1890年に初めて死刑執行に電気椅子が使用されることになりました。この電気椅子は内縁の妻を殺したウィリアム・ケムラーという犯罪者に使用されることになりました。しかし死刑執行当日、電流を17秒間もケムラーに流すものの、うまくいきませんでした。苦しみながらも、彼はまだ生きていたのです。焦った人々は、2回目の試みでは入念に電流を流しました。この地獄のような光景に、目撃者たちは嘔吐してしまいました。

しかしエジソンの目論見は外れ、泥沼の争いの結果、結局はテスラの交流システムが勝利することになりました。1893年、国を挙げての一大イベント「シカゴ万博」では交流電流が採用されました。

1920年、アメリカとヨーロッパでは衝撃的なニュースが広まりました。天才発明家エジソンが**霊界との通信を試みる実験を行っているというのです！**当時、オカルトや超常現象に対する関心が高まっており、霊媒師が死者の霊を降ろしたり、幽霊による異音が話題になったりしていました。そのためエジソンの霊界通信のニュースにも、人々は釘付けになりました。エジソンは「霊界通信機」と呼ばれる装置製作のプロジェクトを立ち上げ、チームを組んで死者との交信を実現しようと研究を続けていました。

しかしエジソン自身は、オカルトに対しては否定的な考えを持っていました。

幽霊は信じていないエジソンでしたが、魂に関しては独自の科学的な考えを持っていました。

「魂には物理的な形があり、原子のような小さい物体が集まって構成されている。それぞれに永遠の命があり、群れで動いている。死後も魂はその物体に宿り続けるので、その物質からメッセージを受け取ることができるのではないか」と、考えていたのです。

残念ながらエジソンは１９３１年、霊界通信機を完成させる前に亡くなってしまいます。その後、長い間この件は「エジソンのジョークだったんだろう」と言われ続けました。しかし、２０１５年にフランスの記者が霊界通信機の実験についてエジソンが残した日記を発見したのです。もしかしたら、彼がもっと長く生きていれば、この装置は成功したかもしれません。なぜなら、失敗は成功への過程に過ぎず、この天才の強みは諦めないことなのですから。

まりんぬ's
＼コメント／

エジソンは片耳の聴力を失っており、もう一方の耳もほとんど聞こえませんでした。それは仕事に集中するのに役立った、と本人は語っています。

王家・皇帝

貴族

庶民

イギリス

闇夜に現れる変態・バネ足ジャック

異常に跳躍する奇妙な男を見た……という噂は、1817年から広まり始めました。1826年にイギリスのサウサンプトンの新聞には「夜な夜な、怪しげな仮面の男が現れる。男はブーツを履き、3mの壁も跳び越える」という記事が掲載され、怪しい男は「**バネ足ジャック**」と呼ばれるようになりました。バネ足ジャックの存在は事実なのか、ガセなのか、それとも都市伝説か？　人々は疑心暗鬼に陥りました。しかし、この謎の男の報道から約10年後、**3つの恐ろしい事件**が立て続けに発生したのです。

まずは1837年10月、メアリー・スティーブンスの事件。

その日、ロンドンで使用人をしているメアリーが外出して歩いていたところ、路地から人が飛び出してきました。この人物は、メアリーの服を引き裂き、冷たい爪で体に触れました。メアリーが恐怖の悲鳴をあげると、近所の人々が駆けつけてくれましたが、犯人はすでにどこかへ消えてしまったあとでした。犯人は「アーーハッハハ！」と、狂気じみた笑い声を発して、2・5mほどの壁を跳び越えていったそうなのです。なんとも恐ろしい挙動です。

この事件をきっかけに、イギリスの各地で奇妙な男の目撃情報が相次ぎました。ハンプトンコートでは「輝く真鍮の鎧をまとい、大きな爪がついた手袋をつけた得体の知れない男を見た」という人が現れ、他の地域では高い塀を跳び越えて人々を怖がらせる男が現れました。さらにアイズルワースでは大工が幽霊のようなものに服を切り裂かれるという事件も起きました。ロンドン市長にも報告が立て続けにあったため、緊急会議が開かれ、市長は犯人逮捕を要請しました。新聞などでも「バ

ネ足ジャック」という名称が連日報道され、市民の証言も相次ぎましたが、警察の捜査は難航しました。一部では、バネ足ジャックは実在せず、噂やいたずらなのではないか、と言われるようになりましたが、まだまだ恐ろしい事件は続いていくのです。

次に1838年2月、ジェーンの事件。

深夜、マントを着た紳士がアルソップ邸のドアベルを激しく鳴らしました。娘のジェーンが「どうしましたか?」と尋ねると、「私は警官です。今、バネ足ジャックを捕まえました! 明かりを持って来てください!」男は彼女に頼みました。そこで、ジェーンが蝋燭を持って戻ってくると……警官は突然コートを脱ぎ捨てました。……現れたのは、**大きなヘルメットを被り、体にピタピタにフィットした白い服を身にまとう**という、とても警官とは思えない奇妙な格好をしている男の姿でした。さらに、男は蝋燭を持つと、口から青と白の炎を大量に吹き出したのです! そして、鋭い爪でジェーンのドレスと首を切り裂き、彼女を引き摺りました。ジェーンの叫び声を聞いた家族が駆けつけ、なんとかジェーンを家の中に引き戻しました。恐ろしいことに、彼らが警察を呼ぶまで怪しい男は外からドアをノックし続けました。まさにトラウマ級のホラーです。

さらにジェーンの恐ろしい事件から8日後、ルーシーという女性が妹と散歩していたところ、男が路地から飛び出し、彼女の顔に大量の青い炎を吹きかけました。ルーシーはパニックに陥り、その場に倒れて何時間も発作に苦しみました。その後、警察によって数人の男が事情聴取を受けましたが、証拠不十分で全員が釈放されました。

当然、多くの新聞がこの事件を大々的に報じました。すると世の常ですが、**模倣犯が続出**します。イギリス中で若い男たちが、若い女性にいたずらする事件を起こして逮捕されました。

しかし、盛り上がったものは遠からず収束するもので、やがて騒ぎは収まり、バネ足ジャックとの遭遇報告も次第に減少していきました。国中を恐怖に陥れたこの男は何者だったのか？集団ヒステリーの一部だったのか？　残念ながら、それはいまだに解明されていません。ジェーンとルーシーの事件から約半世紀後にイギリス中を震撼させた連続殺人魔、有名な切り裂きジャックの話と似ていますね。

その後、バネ足ジャックは19世紀後半には、大衆向けのエンターテインメントとして数多くの演劇や小説で楽しまれるようになりました。怪しい男は大衆文化の中で生き続けているのです。

まりんぬ's
＼コメント／

「早く寝ないと、バネ足ジャックが来るわよ！」といった感じでバネ足ジャックは、子供のしつけにもよく使われたそうです。

イギリス

人々が絶望した激臭都市ロンドンの誕生

私たちも天候災害などで思わぬ変化を経験することがありますが、1858年の夏のロンドンではとんでもない珍現象が起こっていました。なんと、朝起きると都市全体が悪臭に包まれていたのです。**「なんだこれは!? 臭すぎて、息ができない！」**と、ロンドン市民は戸惑いました。実はその裏には、市民のやばすぎる悪習が絡み合っていました。

ロンドンを流れるテムズ川。世界中で知られる華麗な橋が架かっています。その中には19世紀に建造された橋もいくつか残っており、その姿を見るとまるで過去へのタイムスリップを体験しているような気分になります。かつては**「銀のテムズ川」**と称され、400年前には「ああ、テムズ川のように流れることができたなら、こんな風になれたなら！ 清らかで深く澄み、優しく力強く、凛としている」と、美しいポエムも作られました。しかし、この200年後には決してテムズ川みたいになりたい、なんて言っていられない状況が待ち受けていたのでした。

1858年6月、ロンドンでは異例の暑さが続きました。連日最高気温が30度に達し、これは市民たちにとっては非常に苦しい状況でした。もちろん、日本に住んでいる方は「30度なんて大したことないだろう」と感じるかもしれませんが、ロンドンのこの時期の平均最高気温は20度でした。緯度は51度で、日本の付近だと旧樺太の北部が同じ緯度です。したがって、ロンドンの市民にとってはこの異常な猛暑は非常に厳しいものでした。

そんな中で、ある日気温はついに35度に到達してしまいます。そして、それは**前代未聞の恐ろしい出来事の幕開け**でもありました。「臭い！　なんだこれは⁉」と、ロンドン市民は仰天しました。悪臭はテムズ川から漂っており、風向きによっては数km離れた場所にいる人すらあまりに酷い臭いによって、吐いてしまったと言われています。実はこの時、

テムズ川の水に含まれる不純物を見て驚く女性を描いた風刺画（1828年）。

美しいテムズ川は人災によって、悪臭を放つ、地獄の掃き溜めへと変貌を遂げていたのでした。その原因は、数世紀にわたって行われていたロンドン市民のある習慣が原因でした。

恐ろしいことに、17世紀から人々はテムズ川に向かって、なんの躊躇もなくゴミを投げ捨てていました。肉屋から出る内臓や骨などの廃棄物、家庭のゴミ、そして人間の排泄物など、あらゆるものがテムズ川に投棄されていたのです。そして、最大の原因は産業革命の発展にともなう**工業排水による汚染**でした。しかし、川はゴミを流してくれて、海へ行くと信じられていたため、人々はこの行為になんの疑問も抱いていませんでした。実はテムズ川は潮の満ち引きの影響があり、廃棄物は川から海へ、海から川へと前後に行ったり来たりしていたのですが……。つまり、テムズ川には数世紀分のゴミが堆積していました。そして、異常気象で35度まで上昇したこの夏、テムズ川の水が干上がり溜まったゴミが発酵してしまい、ついに悪臭が市街地まで広がってしまったのです。

しかしこの大惨事の以前から、一部の市民はテムズ川の汚さを議会に訴えていました。1855年には著名な科学者のマイケル・ファラデー［1791〜1867］が驚きの実態を告発。彼は「川の水があまりにも汚く、ひどく濁っている。白い紙のカードを水面に浮かべても、2・5㎝も沈まないうちに見えなくなってしまう」と記しています。しかしこの訴えは無視され、何の改善も行われませんでした。またテムズ川の水は、貧しい人々の飲料水となっており、汚染された水によって、インドから持ち込まれたコレラが何度も流行し、多くの人々が亡くなっていました。医師のジョン・スノー［1813〜1858］は、人間の排泄物が混ざった飲料水が病気を引き起こしていると訴えましたが、これも無視され続けました。

しかしロンドンの大悪臭が起きると、事態は一変しました。というのも、国会議事堂であるウェストミンスター宮殿は川のそばに建てられており、今まで何もしなかった議員たちも悪臭の被害者となったからでした。彼らの仕事場が激臭の地獄と化してしまったのです。

議員たちは迅速に行動を起こしました。テムズ川の衛生状態を改善するための法案が**わずか18日間で可決**され、テムズ川への汚染物質の排出を規制し、下水道の整備が進められることが決定しました。土木技師のジョゼフ・バザルジェット［1819〜1891］は数千人の職人たちの指揮をとり、1600キロメートル以上の新しい下水道を作り上げました。その結果、コレラによる死者は激減しました。

この時作られた下水道は、現在も使用されています。結果として、大悪臭は議員たちを動かし、インフラを整えて生活を改善する絶好の機会となったのでした。

まりんぬ's
コメント

1957年にテムズ川は自然史博物館から「生物学的に死んだ」と宣言されました。しかし技術の発展に伴い下水処理場が生まれ変わり、事態は改善され、最近では生き物が戻ってきています。

王家・皇帝

貴族

庶民

イギリス

タイタニック号に乗船していた最もラッキーな人物とは？

「私たちは、タイタニック号に絶対の信頼を置いています！ この船は決して沈むことはありません」と、タイタニック号を所有するホワイト・スター・ライン社の副社長、フィリップ・フランクリンは堂々と断言しました。しかしその発言の4日後に、タイタニックは氷山に衝突し3時間足らずで跡形もなく沈没してしまいました。乗客・乗員およそ2220人のうち、1500人以上の命が失われた前代未聞の大事故として歴史に刻まれることとなったのです。

さてこの船には、何度も海で命拾いをする数奇な人生を送る客室乗務員のバイオレット・ジェソップ［1887〜1971］が乗務していました。のちに彼女は**「沈没船の女王」**と呼ばれることになります。彼女の奇妙な、船との関係を見ていきましょう。

バイオレットは生まれた時から苦労人でした。幼い頃に結核にかかり、死にかけるほどの重症でしたが、何とか生き延びます。父親は早くに亡くなり、母親が一家を支えるために船の客室乗務員として働いていました。母親が家を空けている間、バイオレットは幼い妹の世話をしていました。しかしやがて母親も病気で働けなくなり、21歳のバイオレットは大黒柱として家族を養わなければならなくなりました。

「私も、母さんのように海に出て働こう!」と、バイオレットは決意しました。そこで、まずは海運会社の船で働きキャリアを積み上げ、1911年に当時有名な船会社だったホワイト・スター・ライン社の客室乗務員として働くことになりました。1910年代のホワイト・スター・ライン社には当時最も豪華で巨大な3つの客船があり、またそれらの船は構造や性能が同じ姉妹船でした。それは、オリンピック号、ブリタニック号、……そして**タイタニック号**でした。バイオレットはその中のオリンピック号で働くことになりました。

1911年9月20日、オリンピック号はイギリス海軍の巡洋艦ホークと衝突しました。オリ

ブリタニック号の救急看護奉仕隊の制服を着たバイオレット・ジェソップ(1915年)。

ンピック号は船体に大きな穴が開いてしまいましたが、幸運なことに結構な損傷にもかかわらず、船はなんとか自力で港へ帰ることができました。

命拾いしたバイオレットは、その後もオリンピック号で働き続けましたが、ある日友人からこんな提案をされることになります。「ねぇ、バイオレット、今度処女航海をするタイタニック号のクルーを募集しているよ！　世界で一番豪華な船で働くことができるなんて、絶対素晴らしい経験になるよ」。これによってバイオレットは、タイタニック号で働くことを決意し、そして採用されました。

1912年4月14日深夜、処女航海へと出航した不沈船タイタニック号は、氷山に衝突しました。その時バイオレットは、バリバリと何かが裂ける音を聞きました。「早く！　デッキに上がるんだ！」とバイオレットは命じられ、その数時間後には救命ボートに乗って、凍てつく海を漂流していました。彼女は船上で怖がっていた婦人たちの手本となるために、上司の命令で先に救命ボートに乗り込んでいたのです。沈まない船が海の底に消えていくのを見て「きっとこれは夢なんじゃないかしら」と彼女は思いました。

世紀の大事故から2年後、第一次世界大戦が始まりました。看護師に志願したバイオレットは、この時も船に乗り続けていました。そしてその船は運命の悪戯なのか、**タイタニックの姉妹船であるブリタニック号**でした。この時ブリタニック号は、戦時中だったので病院船に改造されていました。１９１６年、ブリタニック号は機雷が命中し沈没し始めました。大きなスクリューに人や救命ボートが切り刻まれ、海は血で真っ赤に染まりました。バイオレットはボートから逃げ出す際に頭を打ってしまいましたが、なんとか生き延びました。その後、数年間回復に努めました。

このように幾度も海上で最悪な事故に遭ったバイオレット。しかし驚くべきことに、戦争が終わると**オリンピック号の客室乗務員として契約し、再び海の上で働き始めました**。そしてその後も大型船での仕事に従事し続け、１９５０年に63歳で引退するまで、不屈の精神を持って世界の海を旅しました。

まりんぬ's コメント

のちにバイオレットは、彼女がどんな困難にも打ち勝つことが出来たのは「生きる意志があったからよ」と、答えました。また、引退後は田舎に引っ越し鶏を飼って卵を売ってのんびりと過ごしたそうです。

イギリス

煙突掃除人は4歳

煙突掃除人といえば、ディズニー映画の名作『メリー・ポピンズ』(1964年)で、煤だらけの顔で陽気に歌い、踊る楽しそうな姿を思い出す人もいるでしょう。しかし、その実態は、極めて過酷で、多くの子供たちがその犠牲になっていたのでした。

1700年にはイギリスの人口は約500万人でしたが、医療や衛生環境の改善によって死亡率は改善し、19世紀に入ると人口は900万人近くまで急増しました。イギリス議会によれば1820年代半ばには、国民の5人に2人が子供でした。また工業化が進むにつれて、社会に深刻な貧富の差が広がり、その結果、孤児や捨て子になってしまった子どもたちも急増。彼らの中には親や施設から売られ、労働することで面倒を見てくれる雇用主のもとでお世話になる者もいました。

その中には、煙突掃除人のもとで見習いとして働く子供も多く存在していました。わずか4歳ほどの小さな男児、そして女児も働いていました。小さな子供は現場で邪魔になるのではないか？　と、感じてしまいますが、煙突掃除には小さな子供が必要不可欠だったのです。それには当時の住宅事情が深く関わっていました。

「そろそろ煙突掃除をお願いしないと！」「大変！　うちもだわ、詰まっちゃうと大変ね」と、人々は年に1、2回の頻度で必ず煙突掃除を依頼していました。当時は人口が爆発的に増えたため、煙突のある家も急速に建てられ増えていきました。

レンガ造りの住宅には暖炉があり、薪や石炭を燃やすと煙が煙突に上っていきます。すると煤が煙突の内側に付着していき、それが厚くなってくると煙突をふさいでしまうのでした。通風をよくするため、煙突内部の煙道は多くが23cm四方と、非常に狭く、とても大人が通ることはできませんでした。しかし煙突掃除をするには、内部に入って登りながら、ブラシを使って煤を落とす人間が必要でした。そう、そ

イタリアの煙突掃除人と助手の少年（19世紀後半）。

こで必要になったのが煙道に入ることができる、小さな子供たちだったのです。

その仕事は恐ろしいほどに過酷でした。子供たちは細くて長い煙突の内部に入り、肘と膝、そして背中を使ってよじ登り、煙道の壁についた煤を払い落としていきます。狭い煙道の場合は裸で作業することもありました。また煙突は使用後であっても、まだレンガは熱を持っていることがあります。子供たちの皮膚は摩擦や熱で擦りむけ、傷つき血が流れました。内部はさらに狭くなっている箇所もあり、顎の下に両膝を曲げた状態で体がはまってしまい、身動きを取ることができず窒息して亡くなってしまうケースも少なくありませんでした。

そして、現場で怪我をしたり事故にあう可能性はもちろんのこと、この労働環境による子供たちへの健康被害は壊滅的でした……。体が未発達なうちから不自然な体勢で働き続けるため、骨が変形し、大量の煤を吸い込むことから、呼吸器の病気になることも多かったのです。さらに煙突掃除人の子供たちには、ある共通した病気が発生していました。

1775年にイギリスの外科医であるパーシヴァル・ポット［1714〜1788］は、煙突掃除人特有のがんについて発表します。「陰嚢の下部に現れる病気で、痛みを伴い、ボロボロとした出来物ができる。業界ではこれを『ススイボ』と呼び、患者も病院も性病とみなしてしまっているが……放っておくと、内臓に広がり取り返しのつかないことになる」と、述べました。

少年たちは仕事中に大量の煤を浴び、夜は煤を集めるための袋のそばで眠り、入浴する機会も週1回の人もいれば年に3回程度の者もいました。不潔だったのです。煤に含まれる化学物質が陰嚢の皮膚から吸収され、**子供たちはがんを発病**していました。

ジャーナリストのヘンリー・メイヒュー［1812～1887］は「煙突掃除人は汚い格好をしているだけではなく、ひどい臭いがするので、他の労働者と付き合いを禁じられていた」と、書き残しています。

このような子供たちの状況は、それまでにも何度も取り沙汰され、議会でも話し合われましたが、改善されることはありませんでした。しかし、1863年に牧師のチャールズ・キングズリー［1819～1875］が煙突掃除をする子供たちが、どれだけひどい状態で生きているのかを記した本を執筆しました。これによって、最貧困層で生きる彼らの存在が、世間に知られるようになったのです。その後、いくつかの法令を経て、ある1人の少年の死亡事故をきっかけに、1875年に「煙突掃除人法」が制定され煙突掃除には免許が必要となります。また子供たちが従事することは禁止されることになりました。

まりんぬ's
コメント

実は19世紀初頭には、煙突掃除の機械が発明されていました。しかしほとんどの客が「機械なんか信用できない」と嫌がり、1830年にはおよそ400万本の煙突が、少年たちの手によって掃除されていました。

コラム❹

このころの日本のおもな出来事 近代編（1789-1992年）

1789年

1821年 『大日本沿海輿地全図』完成

伊能忠敬は千葉県佐原の地主を隠居後、55歳にして日本の測量を始め、17年をかけ全国を踏破した。忠敬の没後3年を経て出版された『大日本沿海輿地全図』は日本全土の実測地図で非常に精度が高かった。

1853年 黒船来航

浦賀沖（神奈川県横須賀市）にアメリカ合衆国の海軍軍人のマシュー・ペリーが4隻の艦隊を引き連れ来航。鎖国をしていた日本に開国を要求した。翌年、日米和親条約が結ばれ、日本はアメリカに対して下田と箱館（現在の函館）の2港を開港した。

1867年 大政奉還

15代将軍・徳川慶喜が政権を朝廷に返還し、1868年に明治政府が樹立。1869年には明治天皇が東京に移り、事実上の遷都となった。開国により、あらゆる文化、技術が海外から取り入れられ、急速に近代化が進んだ。

1883年 鹿鳴館完成

鹿鳴館は海外からの貴賓との社交場としてイギリス人建築家のコンドルによって設計され建てられた西洋館。華やかなイメージがあるものの、国内外の評判は芳しくなく、たった4年で閉館となってしまった。

1912年 オリンピック初参加

第5回のストックホルム大会に陸上選手（マラソンと短距離走）2名が参加。しかし、世界との実力差をまざまざと見せつけられ、以降日本のスポーツ界の水準を向上させる大きなきっかけともなった。開催地までは、船とシベリア鉄道を経由して、17日間にも及ぶ長旅だった。参加費はなんと選手の自己負担、現在の金額にすると400万円相当にもなり、選手は金策にも苦労した。

1992年

藩が大国に戦争をふっかける

映像特典のご案内

視聴期限　2026年11月末日23:59

こちらの二次元コード、もしくはURLから
映像特典が視聴できます。

▼
▼
▼

https://kdq.jp/seiyoshiuragawa

※PC・スマートフォン対象（一部の機種ではご利用いただけない場合があります）。
※本映像は、ブラウザ（Google Chrome・Safari・Microsoft Edgeなど）の最新版でご視聴ください。
※視聴に際し発生する通信料はお客様の負担となります。
※第三者やSNSなどネット上での公開・配布は固くお断りいたします。
※システム等の都合により予告なく公開を中断・終了する場合があります。
※閲覧方法の詳細については、お客様の環境によって異なるため個別にご案内できません。

中世〜近代ヨーロッパ史の魅力

私は、代々木ゼミナールで教鞭をとって33年目になります。我々の職業は、高校の世界史講師に比べ、受験生が入試本番で満足できる点を取るという結果をより求められます。特に我が予備校の場合は、生徒が「佐藤幸夫」の授業を選んで受講することができるため、そのプレッシャーは半端なものではありません。とは言っても、結局は授業だけで点が取れるようになるわけではなく、やはり、受講生それぞれが覚える努力をしなければなりません。よって、「いかに覚えやすいように、いかに記憶に残るように」授業を展開するかが、我々予備校講師の腕の見せどころとなるわけです。

高校生にとって、世界史の教科書は決して面白いものとは言い難いものですし、歴史の疑念や歴史観を興味そそる話に展開させるのはかなり難易度が高いため、〝裏話〟という「歴史雑学」が武器となります。しかし、この「歴史雑学」とは厄介なもので、「それ、本当?」と思われる内容に関しては使いにくい武器でもあるのです。「歴史」は〝真実〟なのですかと生徒に問われたら、私は「NO」と答えると思います。

「先史」と「歴史」という言葉があります。今から5500年ほど前に文字が発明されますが、その文字が発明される以前の「文字による裏付けがないモノ」を「先史」と呼び、文字によって書かれた裏付けのあるモノが「歴史」とされます。

では、「歴史」は絶対に真実だと断言できるのでしょうか？

『○○○』に書かれているから、○○○の旅日記に書かれているから、体験談に書かれているから……。

とても、ひねくれた理屈のように聞こえてしまいそうですが。もし、『○○○』の著者が読者を扇動するために書き残したモノだったら。その旅日記が旅人あるあるを膨らませた自慢話だったら（マルコ・ポーロの『世界の記述（東方見聞録）』のようなもの）。体験者が意図的に大げさに又はウソの証言をしていたら……。そんなことを考えたことはありませんか？

過去にも後世に名を残すことを目的に、自分が名君であるかのような自伝を書かせた権力者がいました。また、自国の存在の正統性を高めるために、自国の歴史を歪曲して歴史に盛り込んだこともしばしばありました。今で言えば、皆さんが真実と信じているテレビや新聞のニュースももしかしたら「情報操作」かも。……と思ったことはありませんか？

そう、元来「歴史」とは書いた人を信じて成立しているモノであり、とくに古くなればなるほど、混乱した時代であればあるほど、事実の裏付けが曖昧になり、「歴史」の信憑性は薄れてしまうでしょう。だからこそ「裏話」、いわゆる「それ本当の話？」という雑学が面白味を増すということになるのです。

多くの優れた歴史家が現れた古代ギリシア・ローマと違い、中世～近代の西洋世界は混乱の時代を経験しました。異民族の侵入に翻弄され、十字軍やレコンキスタなどのキリスト教徒とイスラーム教徒の戦争が長きにわたって続きました。

さらに、中世末期には英仏対立にペストの流行、絶対王政時代の王権神授説によるマインドコントロール、宗教戦争や継承戦争、そして市民革命などの戦乱……。これだけ混沌とした時代であれば、〝裏話〟も大切な1つの「歴史」になるのかもしれません。それこそが想像力をかき立てる「歴史」の「ロマン」や「驚異」、「感嘆」なのかもしれません。近現代になると一般に知られた人物や内容も多くなり、歴史事項も細かく残されているので事実の探究になってしまうでしょう。

本書を通して、ぜひ正統な「歴史」とは違った面から、中世〜近代のヨーロッパ世界の「ロマン」「驚異」「感嘆」を味わって頂きたいと思っています。

監修者　佐藤幸夫（代々木ゼミナール講師）

おわりに

最後までお付き合いくださいまして、ありがとうございました！

私がＹｏｕＴｕｂｅの投稿を始めたのは、２０２１年の春。きっかけは、母親の死でした。母は親友のような存在だったので、喪主をして、実家もなくなり、完全に心の拠り所を失ってしまった私は悲しみに暮れていましたが、ふとした瞬間にあることに気がつきました。

「あれ？　次に死ぬの……私じゃ～ん！」と。家族の順番的に、という話です、はい。なんだか現実を突きつけられた気がしたのです。

この出来事を通じて「人生は儚く短いものだ。自分の人生でやってみたいことって何だろう？」と、考え始めるようになりました。コロナ禍ということもあり、以前よりも自分を見つめ直す時間も多く取れたことも幸いでした。

その昔、私は長らく某鉄道会社で働いていました。その時の上司が「褒められたことはメモしてでも覚えておこう！　それは君の最大の武器になる。伸ばすのはそこだ」と教えてくれたことがあります。不思議と、この言葉がずっと心に残っていました。

そこで私は、過去に人前で話す際に褒められることが多かったことを思い出し、思い切ってYouTubeをしてみるのはどうだろう？　よし、興味のあることを世界に発信してみよう！　と、思い立ったのでした。

私のYouTubeチャンネルでは、世界史をベースにトリビアのような興味深い裏話を発信し続けてきました。例えば、生理の歴史や、苦悩やぶっ飛びエピソードだらけの天才の私生活、消えた王族の行方、ファッションの歴史などです。トライアンドエラーを繰り返し、動画構成も改善していきました。視聴者のみなさまはご存知の通り、なにせあまりにニッチな内容ゆえ、数ヶ月は鳴かず飛ばずでしたが（笑）、やがてたくさんの皆様に視聴していただけるようになりました。

いつも本当に、ありがとうございます！

さて、YouTubeの話はこの辺にしておきまして……。

本のタイトルの通り、歴史には「怖い」エピソードや人物がたくさん存在します。しかし、視点を変えてみると、実に人間らしい、親しみを覚える姿も見えてきませんか？

現代では偉人と尊敬されている歴史上の人々も、恥ずかしく、ダーティな部分を持ち合わせていました。さらに、今では考えられないような文化や風習、疫病に苦しむ人々もいました。しかしながら、彼らは偉人であろうと、名もなき庶民であろうと、それぞれの運命を力強く全うしています。色々と思い通りにいかない人生ですが、この本を通じて、過去に生きた彼らの強さや、汚さや、一生懸命さを感じていただき、読んでくださった皆様が「まあ、イイ感じに自分らしくぼちぼちやるか～」と、ゆる～く思っていただけたなら幸いです。本書を読んでくださり、ありがとうございました。

最後になりますが、ご監修の佐藤幸夫先生、素晴らしいデザインをしてくださった朱猫堂さま、素敵なイラストを描いてくださった髙柳浩太郎先生、Ｍｉｋａ先生、担当編集者の小林紗弥香さま、その他ご協力くださったスタッフの皆様に心より感謝申し上げます。また、膨大な執筆作業に忙殺されていた私をいつも応援してくれた夫もありがとう！　皆様のご協力なしには、この本は実現しませんでした。

それでは、またどこかでお会いしましょう！

２０２３年10月　まりんぬ

著者 まりんぬ

歴史系YouTuber。イギリス在住。イギリスを中心に主にヨーロッパのニッチな歴史ネタを紹介し、支持を集めている。動画は著者自らが出演、ストーリーテラーとなる形式で、中世〜近代の王家・貴族から庶民の話まで、多ジャンルにわたる。ゾクッとするような内容もユーモラスかつ丁寧に解説し、女性を中心とした歴史ファンに人気。チャンネル登録者数 29万人（2023年10月現在）。
YouTube まりんぬ - 謎の歴史、文化　@marinnu

監修 佐藤《さとう》幸夫《ゆきお》

代々木ゼミナール世界史講師。エジプト在住。世界史ツアーを主催しながら、年3回帰国して、大学受験の世界史の映像授業を収録している。世界102か国・300以上の世界遺産を訪れた経験をスパイスに、物語的な熱く楽しく面白い映像講義を展開する。2018年からは「大人のための旅する世界史」と題して、社会人向けの世界史学び直しツアーを開催。また、オンラインセミナーとして「旅する世界史」講座を実施、世界史×旅の面白さを広げている。著書に『人生を彩る教養が身につく 旅する世界史』（KADOKAWA）などがある。

思《おも》わず絶望《ぜつぼう》する!?
知《し》れば知《し》るほど怖《こわ》い西洋史《せいようし》の裏側《うらがわ》

2023年11月14日　初版発行

著　者　まりんぬ
監　修　佐藤《さとう》　幸夫《ゆきお》
発行者　山下　直久
発　行　株式会社KADOKAWA
〒102-8177　東京都千代田区富士見2-13-3
電話0570-002-301（ナビダイヤル）
印刷所　大日本印刷株式会社
製本所　大日本印刷株式会社

●お問い合わせ
https://www.kadokawa.co.jp/（「お問い合わせ」へお進みください）
※内容によっては、お答えできない場合があります。
※サポートは日本国内のみとさせていただきます。
※Japanese text only

定価はカバーに表示してあります。

ISBN 978-4-04-606507-0 C0022